日本語で読むおもしろい世界の名作

일본어로 읽는 재미있는 세계명작

머리말

「일본어로 읽는 재미있는 세계 명작」은 일본의 전래동화를 엮어 독자들의 호응을 얻었던 「일본어로 술술 읽혀지는 재미있는 일본의 옛날이야기」에 이어 두 번째로 나온 이야기책입니다. 우리가 익히 알고 있는 「토끼와 거북이」, 「양치기와 늑대」 같은 재미있는 이솝이야기와, 이야기 속에 지혜를 일깨워주는 탈무드 이야기, 그리고 「미운 아기 오리」나 「크리스마스 선물(현자의 선물)」과 같은 명작과 더불어 어른이 되어서도 다시 읽게 되는 생떽쥐베리의 「어린왕자」 등 11편의 이야기를 책으로 묶었습니다.

이미 알고 있는 내용이지만 일본어로 읽는 것 또한 새로운 재미일 것입니다. 더불어 실제 생활에서 쓰는 다양한 표현들과 한자는 물론 어휘력도 높일 수 있을 것입니다. 시험에 자주 등장하는 문형들은 따로 정리하고 간단한 설명과 함께 예문을 실어 시험 대비에도 도움이 되도록 애썼습니다.

또한 본문의 이야기는 음원에 수록되어 있으므로 처음에는 책과 함께 듣다가 나중에는 음원만 듣는 연습을 하는 것도 좋습니다. 소리내어 연습해 보는 것도 좋습니다. 모쪼록 이 책이 재미있는 세계 명작을 일본어로 감상하면서 한자읽기, 어휘(약 2000단어), 독해, 청해, 번역연습 등 다양한 학습효과를 높이는 데 도움이 되기를 바랍니다. 끝으로 바쁘신 가운데 본문과 내용확인문제, 교정 등에 협력해 주신 오카리나님께 지면으로나마 깊이 감사드립니다.

편집부

이 책은 다음과 같이 구성되어 있습니다.

1. 이야기본문

하단의 단어를 참고하여 사전을 찾지 말고 한번 읽어 보세요. 읽다가 막히는 단어, 해석이 안되는 문장이 나오면 밑줄을 그어 놓습니다. 일단 한번 읽고 다시 한번 읽어 보면 정확한 뜻은 아니더라도 문맥으로 이해가 가는 단어나 표현들이 있을 것입니다. 부록의 번역을 먼저 보지 않도록 하는 것이 좋습니다. 번역은 최대한 본문의 원래 뜻을 벗어나지 않도록 했으나 의미상 약간의 의역이 된 곳도 있습니다.

2. 어휘와 한자읽기

한자는 대부분 후리가나를 달아 놓았으므로 읽는 데 지장은 없을 것입니다. 어느 정도 읽게 되면 후리가나를 가리고 읽는 연습을 해 보면 한자읽기에 자신감이 생길 것입니다.

3. 문형과 표현

중요한 문형과 표현은 예문과 함께 따로 정리되어 있습니다. 수준은 3급~2급 정도에 해당합니다.

4. 함께 이야기해 봐요

본문의 이야기를 읽고 나서 내용을 얼마나 이해했는지를 묻고 있습니다. 일본어로 답하는 훈련을 해 보세요.

5. 일본에도 이런 이야기

어느 나라나 공통으로 통하는 정서가 있습니다. 일본에도 본문의 이야기와 비슷한 것이 있는 것은 한글로 설명했으므로 쉬어가며 읽으면 됩니다.

6. 음원의 활용

음원은 처음에는 책과 같이, 그 다음에는 음원만 듣는 연습을 하는 것이 좋습니다. 그리고 익숙해지면 음원에서 나오는 한자어휘만 체크해 보는 것도 듣기실력향상에 도움이 됩니다. 성우들의 재미있는 연기도 감상해 보세요.

7. 번역과 내용이해문제

본문번역과 모범답안이 있으므로 참고해 주세요. 모범답안은 자신이 한 것과 어떻게 다른지 확인해 보세요.

차례

Ⅰ. 이솝이야기

Ⅱ. 탈무드

III. 어린왕자

IV. 세계의 명작

V. 부록

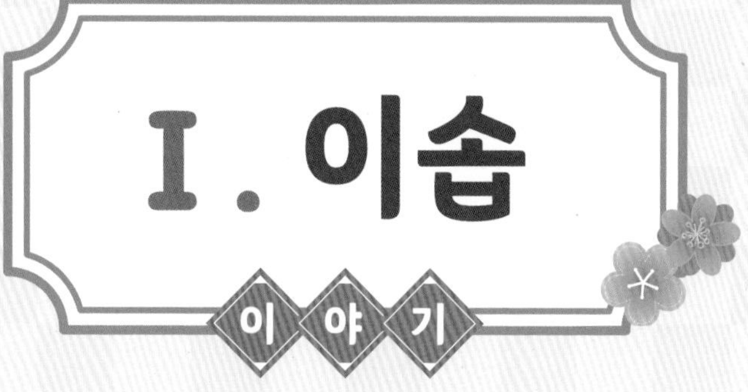

이솝이야기는 기원전 552년경 그리스의 이솝이라는 사람이 만들었습니다. 이솝은 못생긴 외모와 심한 말더듬을 가진 노예였지만 뛰어난 재주로 인해 나중에 노예 신분에서 벗어나게 됩니다. 자유로워진 이솝은 자신이 노예시절 겪었던 여러가지 경험을 바탕으로 여러편의 이야기를 지었고 그것이 오늘날까지 읽혀지고 있습니다.

이솝이야기는 주로 동물을 등장시켜 사람의 행동을 비유하고 그 속에 깊은 교훈을 담은 것이 특징입니다.

1 北風(きたかぜ)と太陽(たいよう)

空(そら)の上(うえ)に、北風(きたかぜ)と太陽(たいよう)が住(す)んでいました。

ある日(ひ)、北風(きたかぜ)が自慢(じまん)して言(い)いました。

「おれが一吹(ひとふ)きすると、どんなに大(おお)きくてじょうぶな家(いえ)も吹(ふ)き飛(と)んでしまう[1]んだ。」

それを聞(き)いた太陽(たいよう)は、大笑(おおわら)いして言(い)いました。

「ははは…ただ力(ちから)だけが強(つよ)くても[2]、何(なん)の得(とく)にもならない。

単語

· 北風(きたかぜ) 북풍
· じょうぶだ 튼튼하다
· 得(とく) 이익, 득
· ~てしかたがない 너무 ~하다
· 太陽(たいよう) 태양
· 吹(ふ)き飛(と)ぶ 날아가다
· くやしい 억울하다
· 旅人(たびびと) 나그네

その力をどう使うかが大切な事なのだ。ははは…」

太陽の言葉を聞いた北風は、くやしくてしかたありませんでした。

ちょうどその時、一人の旅人が、彼らの下を通りかかりました。

それを見た太陽が、北風に向かって言いました。

「そんなに自分の力に自信があるのなら、ちょっと力くらべをしないか。」

太陽が続けて言いました。

「あの旅人のコートを、最初に脱がせた方が勝ちというわけさ。」

「ははははは。コートをぬがせるぐらい朝飯前さ。」

北風は、自信満々に答えました。

- 力(ちから)くらべ 힘 겨루기
- コート 코트
- 脱(ぬ)がせる 벗기다
- 勝(か)ち 승리
- 朝飯前(あさめしまえ) 누워서 떡 먹기
- 自信満々(じしんまんまん)に 자신만만하게

そして、北風は、旅人の方に近づき、力一杯、風を送りました。

「なんだ? 急に風が強くなったな。」

旅人は、体をすくめて、コートをしっかりと押さえました。

それを見た北風は、

「ふん、これでも脱がないのか。」

と言いながら、もっと力を込めて、風を送りました。

「あぁ、寒い。どうして風がこんなに強いんだ?」

単語

· 力一杯(ちからいっぱい) 힘껏
· 急(きゅう)に 갑자기
· しっかりと 꽉
· 力(ちから)を込(こ)める 힘을 주다
· 風(かぜ) 바람
· (体を)すくめる (몸을) 웅크리다
· 押(お)さえる 누르다

風が吹けば吹くほど[3]、旅人はコートが脱げないように口をしっかり押さえました。

そうしているうちに、北風の力はなくなってしまいました。

太陽が言いました。

「じゃあ、今度は私の番だ。」

そして、旅人に向かって、暖かい日ざしを照りつけました。

「何だか、今度は暖かくなってきたな。今日は本当におかしな天気だ。」

太陽は、だんだん日ざしを強くしました。

「あぁ、暑い。もう我慢できない。」

- 脱(ぬ)げる 벗겨지다
- 日(ひ)ざし 햇살
- 天気(てんき) 날씨
- 我慢(がまん)する 참다
- 番(ばん) 차례
- 照(て)りつける 내리쬐다
- だんだん 점점

とうとう旅人は足を止めて、コートを脱ぎました。

「コートを脱いでも、まだ[4]暑いな。」

旅人は、コートだけでなく、身につけていた服を全部脱いでしまいました。

太陽は、北風に向かって言いました。

「北風よ、力が強いからといばるだけでは駄目なんだ[5]。」

太陽の言葉を聞いた北風は、自分が恥ずかしくなりました。

単語

- 足(あし)を止(と)める 멈추다
- 身(み)につける (옷을) 입다
- いばる 뽐내다
- 言葉(ことば) 말
- 恥(は)ずかしい 부끄럽다

문형연습

1 ~てしまう ~아/어 버리다

「~てしまう」는 완료를 나타내는 말로, 강조하거나 후회의 감정을 나타내기도 한다.「全部, もう, つい」와 같은 말과 같이 쓴다.

· おれが一吹きすると、どんなに大きくて、じょうぶな家も吹き飛んでしまうんだ。

내가 한 번 후~ 하고 불면 아무리 크고 튼튼한 집도 날아가 버린다구.

· そうしているうちに、北風の力はなくなってしまいました。

그러다가 북풍의 힘이 빠져 버렸습니다.

· 失礼とは思いながら、つい笑ってしまいました。

실례인 줄 알면서도 나도 모르게 그만 웃음이 터져버렸어요.

2 ただ (~だけ) ~ても 단지 (~만) ~해서는

「~ても」는 역설의 접속 조사. 뒤에는 부정적인 내용이 따라온다.

· ただ力だけが強くても、何の得にもならない。

힘만 세서는 아무 이익이 안 된다.

· ただ値段だけが安くても、消費者は買わない。

가격만 싸서는 소비자들은 사지 않는다.

3　～ば～ほど　~하면 ~할수록

~에 비례해서 정도가 변화하는 모양을 나타낸다.

· 風(かぜ)が吹(ふ)けば吹(ふ)くほど、旅人(たびびと)はコートが脱(ぬ)げないようにしっかり押(お)さえました。

바람이 불면 불수록 나그네는 코트가 벗겨지지 않도록 꽉 눌렀습니다.

· 聞(き)けば聞(き)くほど不思議(ふしぎ)な話(はなし)ですね。

들으면 들을수록 신기한 이야기군요.

4　～ても、まだ　~해도 아직

· コートを脱(ぬ)いでも、まだ暑(あつ)いな。

코트를 벗어도 아직 덥군.

· これだけ言(い)っても、まだわからないのか!

이렇게까지 말해도 아직 모르겠냐!

5　～から(と)～ては いけない　~라고 ~해서는 안 된다

· 北風(きたかぜ)よ、力(ちから)が強(つよ)いからといばるだけでは駄目(だめ)なんだ。

북풍아, 힘이 세다고 뽐내기만 하면 뭐 하니?

· 好(す)きだからと、同(おな)じものばかり食(た)べていてはいけない。

좋아한다고 똑같은 것만 먹고 있어서는 안 된다.

함께 이야기해 봐요

1. 北風(きたかぜ)は何(なに)を自慢(じまん)しましたか。

2. 北風(きたかぜ)と太陽(たいよう)は、どんなゲームをする事(こと)にしましたか。

3. 北風(きたかぜ)はどんな方法(ほうほう)を使(つか)いましたか。また、その結果(けっか)はどうでしたか。

4. 太陽(たいよう)はどんな方法(ほうほう)を使(つか)いましたか。また、その結果(けっか)はどうでしたか。

5. この話(はなし)から、どんな事(こと)を学(まな)ぶ事(こと)ができますか。

❶ 力(ちから)が強(つよ)いことを自慢(じまん)して、その力(ちから)をむやみに使(つか)ったり、物事(ものごと)を力(ちから)で解決(かいけつ)するような事(こと)はしてはいけない。

❷ この世(よ)の中(なか)は、力(ちから)の強(つよ)いものが勝(か)ちである。

❸ 何事(なにごと)も力(ちから)を合(あ)わせて取(と)り組(く)むべきだ。

「シカとトラ」

사슴과 호랑이

옛날에 멋있는 뿔을 가진 사슴이 살았습니다. 그 사슴은 자신의 뿔을 아주 자랑스럽게 여겼습니다.

어느 날, 사슴이 연못에 왔을 때 연못에 비친 자신의 멋진 뿔을 보며 흐뭇해하고 있었습니다. 그러나 뿔과는 달리 다리가 너무 빈약해 보여서 사슴은 그 다리가 아주 못마땅했습니다.

그 때, 갑자기 숲 속에서 호랑이가 나타났는데, 사슴은 못마땅하게 여겼던 그 다리 덕분에 재빨리 도망갈 수 있었습니다. 그런데, 어떻게 된 일인지 무엇보다 자랑스러웠던 뿔이 나뭇가지에 걸리는 바람에 그만 꼼짝달싹 못하게 되었습니다. 결국 사슴은 자랑스러워했던 뿔로 인해 호랑이에게 잡아먹히고 말았습니다.

아무리 남보다 뛰어난 것을 가지고 있더라도 그것을 자랑하는 것은 좋지 않습니다. 그것을 어떻게 쓰느냐에 따라 상황은 크게 달라지니까요. 잘못하면, 이 사슴처럼 가장 자랑스러운 것 때문에 곤경에 처할 수도 있습니다.

2 ウサギとカメ

昔々、自分の足が一番速いと自慢しているウサギがいました。

ある日のことです。道を歩いていたウサギは、カメに会いました。

「おい、カメ。お前はどうしていつもそんなにのろいんだ?」

それを聞いたカメは腹が立ち、こう言いました。

「ボクとかけっこしたこともないのに、どうしてそんな事が

単語

- ウサギ 토끼
- はやい 빠르다
- のろい 느리다(경멸감이 있음.)
- かけっこ 달리기
- カメ 거북이
- 自慢(じまん) 자랑
- 腹(はら)が立(た)つ 화가 나다
- 頂上(ちょうじょう) 꼭대기

言えるんだ!!」

カメの言葉を聞いたウサギは、笑いながら[1]言いました。

「ははは…じゃあ、ここからあの山の頂上までかけっこしようぜ。」

「よーい、ドン!!」

キツネの合図で、ウサギとカメのかけっこがスタートしました。

スタートするやいなや、ウサギはものすごいスピードで走り出しました。あっという間に、ウサギは見えなくなりました。

ゴール近くまで来たウサギは、一度後ろを見ました。しかし、カメは見えません。

「やはり、のろいやつだな、少し昼寝でもして、待ってみるか。」

ウサギは、木陰で昼寝をし始めました[2]。

- 合図(あいず) 신호
- スタート 스타트
- ～するやいなや ~하자마자
- ものすごい 굉장하다
- あっという間(ま)に 눈 깜짝할 사이에
- 昼寝(ひるね) 낮잠
- 木陰(こかげ) 나무 그늘

ウサギが目をさました時、辺りはすっかり日が沈もうとしていました。

「おっと、寝過ごしたようだな。」

ウサギは、山のふもとの方を見ました。しかし、カメの姿はまだ見えません。

「カメのやつ、まだ来ていないみたいだな。本当にのろいやつだ。」

ウサギは、先に山の頂上まで行ってカメが来るのを待ってみようかと考え、ゴールまで急ぎました。

単語

- 目(め)をさます　잠이 깨다
- 寝過(ねす)ごす　늦잠을 자다
- まだ　아직
- ゴール　골(goal), 결승점
- 日(ひ)が沈(しず)む　해가 지다
- ふもと　산기슭
- やつ　놈
- 急(いそ)ぐ　서두르다

すると、どうでしょう。

ゴール地点で、カメが手をふっているではありませんか[3]。

「カメがどうしてここに…。」

そうです。カメは、ウサギが寝ている間に先にゴールしたのです。

結局、ウサギは負けてしまいました。それ以来、ウサギは足が速いことを自慢しなくなったということです[4]。

- ·地点(ちてん) 지점
- ·手(て)をふる 손을 흔들다
- ·～ている間(あいだ)に ~하는 사이에
- ·結局(けっきょく) 결국
- ·負(ま)ける 지다
- ·～以来(いらい) ~이후

문형연습

1　～ながら ~하면서

동시에 진행되는 두 가지의 동작을 나타낸다.

・カメの言葉(ことば)を聞(き)いたウサギは、笑(わら)いながら言(い)いました。

거북이의 말을 들은 토끼는 웃으면서 말했습니다.

・作業(さぎょう)を続(つづ)けながら聞(き)いて下(くだ)さい。

계속 작업을 하면서 들으세요.

2　～し始める/～し出す ~하기 시작하다

「~し始める」는 '조금씩'이라는 느낌이 있고, 「~し出す」는 '갑자기'라는 느낌이 있다.

・ウサギは、木陰(こかげ)で昼寝(ひるね)をし始(はじ)めました。

토끼는 나무 그늘에서 낮잠을 자기 시작했습니다.

・私(わたし)は毎日(まいにち)6時(じ)ごろから夕食(ゆうしょく)の支度(したく)をし始(はじ)めます。

저는 매일 6시 쯤부터 저녁 준비를 하기 시작합니다.

・スタートするやいなや、うさぎはものすごいスピードで走(はし)り出(だ)しました。

시작하자마자 토끼는 굉장한 속도로 달리기 시작했습니다.

・子(こ)どもがある日(ひ)突然(とつぜん)「学校(がっこう)に行(い)きたくない。」と言(い)い出(だ)しました。

아이가 어느 날 갑자기 "학교에 가기 싫다."고 말하기 시작했습니다.

3 ～では ありませんか ~이/가 아니겠습니까?

형태는 의문형이지만, 반어법으로 강한 긍정을 나타낸다. 놀라움이나, 감동, 예상과 다른 상황 등을 나타낸다.

· ゴール地点(ちてん)で、カメが手(て)をふっているではありませんか。

결승점에서 거북이가 손을 흔들고 있는 것이 아니겠습니까?

· テレビに映(うつ)っているのは、私(わたし)の別(わか)れた恋人(こいびと)ではありませんか。

TV에 나오는 사람은, 저의 헤어진 애인이 아니겠어요?

4 ～ということです ~라고 합니다

다른 데서 들은 말을 객관적으로 인용해서 그대로 전하는 표현. 동화나 이야기에서는 지금까지의 상황을 정리할 때 사용하기도 한다.

· それ以来(いらい)、ウサギは足(あし)が速(はや)いことを自慢(じまん)しなくなったということです。

그 후로 토끼는 발이 빠르다는 것을 자랑하지 않게 되었다고 합니다.

· おじいさんとおばあさんはいつまでも幸(しあわ)せに暮(く)らしたということです。

할아버지와 할머니는 언제까지나 행복하게 살았다고 합니다.

함께 이야기해 봐요

1. ウサギは何(なに)を自慢(じまん)していましたか。

2. カメとかけっこしている途中(とちゅう)、ウサギは何(なに)をしましたか。

3. 結局(けっきょく)、誰(だれ)が勝(か)ちましたか。

4. なぜそういう結果(けっか)になったのですか。

5. この物語(ものがたり)から、どんな事(こと)を学(まな)ぶ事(こと)ができますか。

   ❶ 生(う)まれつき能力(のうりょく)を持(も)っているものと、そうでないものがあるので、それは仕方(しかた)がない事(こと)だ。

   ❷ 能力(のうりょく)が高(たか)いからといって何(なん)の努力(どりょく)もしないでいてはいけない。

   ❸ 能力(のうりょく)を持(も)っているものは、能力(のうりょく)がないものを助(たす)けなければいけない。

「わしと ガネムシ」

독수리와 풍뎅이

독수리에게 쫓기고 있던 토끼는 길에서 마주친 풍뎅이한테 도움을 요청했습니다. 토끼를 불쌍히 여긴 풍뎅이는 독수리한테 놓아주라고 부탁했지만 독수리는 작은 풍뎅이를 우습게 보고 그냥 토끼를 잡아버렸습니다.

이 일로 풍뎅이는 자기를 우습게 본 독수리에 대한 복수심으로 독수리 둥지에 들어가서 알을 모두 밑으로 떨어뜨려 버렸습니다. 풍뎅이가 무서워진 독수리는 신이 살고 있는 높은 곳까지 가서 둥지를 만들었습니다. 그러나 그 사실을 알게 된 풍뎅이는 동물들의 똥을 뭉쳐 만든 공을 들고 신이 있는 곳까지 올라가 뭉친 똥을 신이 있는 곳으로 힘껏 던졌습니다. 신은 그 똥 뭉치를 보자 털어내려 하였고, 털어내다가 실수로 그만 독수리 알을 떨어뜨리고 말았습니다. 이때부터 독수리는 풍뎅이가 활동하는 계절에는 절대 둥지를 만들지 않게 되었다고 합니다.

자기보다 힘이 약하다고 무시하면 언젠가 그 힘이 얼마나 큰지를 깨닫고 후회할 때가 옵니다. 그리고 반대로 만약에 자신이 불리한 처지라 하더라도 너무 낙심하지 마세요. 누구든지 열심히 하기만 하면 결과는 꼭 따라오게 되어 있거든요.

3 金のたまごを産むがちょう

ある小さな村に、貧しいながらも[1]仲良く暮らすおじいさんとおばあさんがいました。

ある日、おじいさんは、町でがちょうを一匹買ってきました。

次の日の朝になりました。

二人が起きてみると、がちょうがたまごを一つ産んでいました。

単語

- ·金(きん)のたまご 황금알
- ·がちょう 거위
- ·貧(まず)しい 가난하다
- ·驚(おどろ)いたことに 놀랍게도
- ·産(う)む 낳다
- ·村(むら) 마을, 동네
- ·仲良(なかよ)く 사이좋게
- ·ピカピカ 반짝반짝

驚いたことに、ピカピカと輝く金のたまごでした。

それからというもの、がちょうは、毎日毎日金のたまごを一つずつ産みました。

金のたまごのおかげで[2]、おじいさんとおばあさんの暮らしは、どんどん楽になりました。

しかし二人の心は、日に日にお金の事でいっぱいになっていきました[3]。

ある日、おじいさんが言いました。

「がちょうが、一日に一個しか金のたまごを産まないのに、大金持ちになれるわけがない[4]。」

すると、おばあさんも、

「そうですね。金のたまごを、一度にたくさん産んでくれたら、ありがたいんですがね。」

と、言いました。

- 輝(かがや)く　빛이 나다
- どんどん　점점
- ～しか～ない　~밖에 ~없다
- 一度(いちど)に　한번에
- それからというもの　그 때부터
- 日(ひ)に日(ひ)に　날마다
- 大金持(おおがねも)ち　부자
- ありがたい　고맙다

そんなある日のことでした。おばあさんが、大きな声でおじいさんを呼びました。

「おじいさん! おじいさん! いい考えがありますよ。」

おばあさんは、続けて言いました。

「がちょうのお腹を切ってみましょう!! 一日に金のたまごを一つずつ産むのだから、お腹の中は、金のたまごでいっぱいのはずですよ[5]!!」

おじいさんの顔がパッと明るくなりました。

「そうだな。お腹の中は、きっと…」

単語

- 続(つづ)ける 잇다, 계속하다
- 切(き)る 자르다
- ～のはず ~일(할) 터
- 明(あか)るい 밝다
- お腹(なか) 배
- ～ずつ ~씩
- パッと 확
- さっそく 당장

さっそく二人(ふたり)は、がちょうのお腹(なか)を切(き)ってみました。

— これで、大金持(おおがねも)ちになれる —

ところが、どうでしょう。

がちょうのお腹(なか)の中(なか)には、金(きん)のたまごのかけらすら、ありませんでした。

「大金持(おおがねも)ちが…」

おじいさんとおばあさんは、力(ちから)が抜(ぬ)けてその場(ば)に座(すわ)り込(こ)んでしまいました。もちろん、お腹(なか)を切(き)られたがちょうは、死(し)んでしまいました。

· かけら 부서진 조각 (~もない 조금도 없다는 뜻)

· ~すら ~조차

· 力(ちから) 힘, 기운

· 抜(ぬ)ける 빠지다

· 座(すわ)り込(こ)む 주저앉다

· 死(し)ぬ 죽다

· ~てしまう ~해 버리다

문형연습

1 ～ながらも ~인데도, ~이지만

역설표현. 「～ながら」는 '～하면서'.

・貧(まず)しいながらも仲(なか)良(よ)く暮(く)らすおじいさんとおばあさんがいました。

가난하지만 사이좋게 지내는 할아버지와 할머니가 있었습니다.

・小(ちい)さいながらも、家(いえ)を建(た)てることができました。

작지만 집을 지을 수 있었습니다.

2 ～のおかげで ~덕분에

보통 좋은 결과가 생겼을 때 쓴다.

・金(きん)のたまごのおかげで、おじいさんとおばあさんの暮(く)らしは、どんどん楽(らく)になりました。

황금알 덕분에 할아버지와 할머니의 형편은 점점 나아졌습니다.

・両親(りょうしん)のおかげで素(す)直(なお)な子(こ)に育(そだ)ちました。

부모님 덕분에 솔직한 아이로 자랐습니다.

* 비슷한 표현
せいで : 나쁜 결과가 생겼을 때 쓴다. ~탓.
ために : 모든 결과에 쓸 수 있다. ~때문에.

3 ～ていく ~해 가다

현재에서 미래로 계속 진행되는 변화를 나타낸다.

・二人(ふたり)の心(こころ)は、日(ひ)に日(ひ)に、お金(かね)の事(こと)でいっぱいになっていきました。 두 사람의 마음은 날마다 돈 생각으로 가득해져 갔습니다.

· 彼女の日本語はどんどんうまくなっていきました。

그녀의 일본어는 점점 능숙해져 갔습니다.

4 ～わけがない ~할 리가 없다

어떤 일이 성립할 이유나 가능성이 없다는 것을 강조하는 표현.
「~はずがない」로 바꿔 쓸 수 있다.

· がちょうが、一日に一個しか金のたまごを産まないのに、大金持ちになれるわけがない。

거위가 하루에 한 개밖에 황금알을 안 낳는데, 부자가 될 리가 없지.

· 100人の人の前で話すなんて、彼にできるわけがありません。

100명이나 되는 사람들 앞에서 말하는 것을 그가 할 수 있을 리가 없습니다.

5 ～(の)だから、～(の)はずだ ~(으)니 ~일 터이다

가능성 · 예정을 나타내는 말.
앞에는 근거가, 뒤에는 그것으로 인해 예측할 수 있는 내용이 온다.

· 一日に金のたまごを一つずつ産むのだから、お腹の中は金のたまごでいっぱいのはずですよ。

하루에 하나씩 황금알을 낳으니 뱃속은 황금알로 꽉 차 있을 거 아니유.

· 一時間も前に出たのだから、もう着いているはずです。

한 시간이나 전에 나갔으니 벌써 도착했을 것입니다.

함께 이야기해 봐요

1. がちょうが産(う)むたまごは、どんなたまごでしたか。

2. おじいさんとおばあさんの、がちょうに対(たい)する不満(ふまん)は何(なん)でしたか。

3. その解決策(かいけつさく)として、おじいさんとおばあさんが考(かんが)えた事(こと)とは、どんな事(こと)でしたか。

4. 結果(けっか)はどうなりましたか。

5. この物語(ものがたり)から、どんな事(こと)を学(まな)ぶことができますか。

❶ 金(きん)のたまごをうむがちょうは実際(じっさい)にいる。

❷ 良(よ)い行(おこな)いをする人(ひと)には、たくさんの幸(しあわ)せがやってくる。

❸ 今(いま)持(も)っているものに満足(まんぞく)して、むやみに欲張(よくば)らないようにしなければならない。

「かもとりゴンベエ」

집오리 사냥꾼 곤베에

옛날, 하루에 한 마리씩 물오리를 잡아서 먹고 살던 '곤베에'라는 사냥꾼이 있었습니다. 어느 날 곤베에는 욕심을 내서, 한번에 많은 물오리를 잡아서 큰 돈을 벌려고 덫을 많이 만들어 놓았습니다. 그랬더니 수많은 물오리들이 덫에 걸려 있었습니다. 곤베에는 뛸 듯이 기뻤습니다.

그런데 이 때, 놀란 물오리들이 일제히 하늘로 날아올랐습니다. 덫에 걸려 있던 수많은 물오리들이 일제히 날아오르니 곤베에의 혼자 힘으로는 어떻게 할 수가 없었습니다. 덫을 끝까지 붙잡고 있던 곤베에는 오리들과 함께 날아올랐고, 결국 힘이 빠져 떨어져 죽고 말았습니다.

이 이야기는 "지나친 욕심이 화를 부른다."고 말하고 있습니다. 함부로 욕심을 내다가는 자신에게 오히려 화가 미친다는 것이겠지요.

4 羊飼(ひつじか)いとオオカミ

ある晴(は)れた日(ひ)のことです。

丘(おか)の上(うえ)で羊(ひつじ)の見張(みは)りをしている羊飼(ひつじか)いの少年(しょうねん)がいました。

少年(しょうねん)は、とても退屈(たいくつ)していました。

‘あぁ、毎日(まいにち)羊(ひつじ)のめんどうを見(み)るばかりで、全然楽(ぜんぜんたの)しくないや。なにかおもしろい事(こと)ないかなぁ。’

そう思(おも)いながら、草(くさ)ぶえを吹(ふ)いていました。

単語

- 羊飼(ひつじか)い 양치기
- 晴(は)れる (날씨가)맑다
- 羊(ひつじ) 양
- 退屈(たいくつ)する 심심해하다
- オオカミ 늑대
- 丘(おか) 언덕
- 見張(みは)り 망을 봄
- めんどうを見(み)る 보살피다

04

その時、羊飼いの少年の頭に、いい考えが浮かびました。

‘もしオオカミが出たとさけべば、村のみんなはきっとびっくりして、ここまでやってくるだろう。’

羊飼いの少年は、考えただけ[1]でもおもしろくてたまらなくなりました[2]。

「大変だ!! オオカミだ!!」

羊飼いの少年は、大声で叫びました。

少年の声を聞いた村人達はおどろいて、少年のいる丘まで走って来ました。

「オオカミはどこだ? どこにいるんだ?」

すると、羊飼いの少年が、笑いながら言いました。

「うそですよ。ただ叫んでみただけです。」

- 草(くさ)ぶえ　풀잎피리
- 浮(う)かぶ　떠오르다
- 叫(さけ)ぶ　소리를 지르다
- うそ　거짓말
- 吹(ふ)く　불다
- びっくりする　깜짝 놀라다
- おどろく　놀라다

少年のうそだと知った村人達は、

「そんなうそをついて大人をからかうなんて…」

と怒りながら村へ帰って行きました。羊飼いの少年は、おかしくてたまりませんでした。

次の日も、いつも通り羊のめんどうを見ていた少年は、また退屈になってきました。

「昨日のように、ちょっと遊んでみるか。」

そして、村の方に向かって、大声で叫びました。

単語

- うそをつく 거짓말을 하다
- からかう 놀리다
- いつも通(どお)り 평소대로
- ～の方(ほう)に ~쪽으로
- 大人(おとな) 어른
- 怒(おこ)る 화를 내다
- おかしい 우습다
- 向(むか)う 향하다

「大変だ!! オオカミだ。助けて!!」

少年の声を聞いた村人は、少年のいる丘まで走って来ました。

「オオカミはどこだ?」

すると羊飼いの少年は、笑いながら言いました。

「うそですよ。ただのイタズラです。またださまれましたね。」

それを聞いた村人達は、怒りました。

「またうそなのか? このうそつきめ!!」

· 助(たす)ける 살리다, 구하다
· だまされる 속다
· イタズラ 장난
· うそつき 거짓말쟁이

三日目になりました。

羊飼いの少年が、いつものように、羊の見張りをしている時の事でした。

少年の目の前に、本物のオオカミが現れたのです。

おどろいた少年は、村の方に向かって叫びました。

「大変だ!! オオカミだ、助けて!!」

しかし、村人達は、もう少年を信じようとはしませんでした[3]。

「あのうそつき野郎!! きっとまたうそに違いない[4]。もうだまされるものか[5]。」

と言い、丘へ行く者は一人もいませんでした。

少年がいくら「助けて!!」と叫んでも、無駄でした。

単語

· 本物(ほんもの) 진짜
· 信(しん)じる 믿다
· きっと 반드시, 꼭
· 無駄(むだ)だ 소용없다
· 現(あらわ)れる 나타나다
· 野郎(やろう) 놈, 녀석
· 者(もの) 사람, 자

さて、少年と羊はどうなったのでしょう。

羊は、全部オオカミに食べられてしまいました。

少年はというと、今までの自分の行為を後悔し、泣いていたそうです。

- ·さて 그런데
- ·全部(ぜんぶ) 전부
- ·行為(こうい) 행위
- ·後悔(こうかい)する 후회하다
- ·泣(な)く 울다

문형연습

1 ～だけ ~뿐, ~만

・考(かんが)えただけでもおもしろい。

생각만 해도 재미있다.

・うそですよ。ただ叫(さけ)んでみただけです。

거짓말이에요. 그냥 소리 질러 봤을 뿐이에요.

・ただ言(い)ってみただけだから、あまり気(き)にしないでね。

그냥 말해 봤을 뿐이니까 너무 신경 쓰지 마.

2 ～てたまらない ~해서 견딜 수 없다, 너무 ~하다

감정을 나타내는 형용사, 심리나 생리 현상을 나타내는 동사에 붙어 아주 ~한 정도나 상태를 나타낸다. 「～てしかたない」로 바꿀 수 있다. (=非常に)

・羊飼(ひつじか)いの少年(しょうねん)は、考(かんが)えただけでもおもしろくてたまらなくなりました。

양치기 소년은 생각만 해도 너무 재미있었습니다.

・次(つぎ)の日(ひ)も、いつも通(どお)り、羊(ひつじ)のめんどうを見(み)ていた少年(しょうねん)は、退屈(たいくつ)でたまりませんでした。

다음 날도 평소대로 양을 보고 있던 소년은 심심해서 견딜 수 없었습니다.

・ゆうべ徹夜(てつや)をしたので、今(いま)眠(ねむ)くてたまりません。

어젯밤 밤을 새웠더니 지금 너무 졸립니다.

3 ～ようとしない ~하려고 하지 않다

↔「~ようとする: ~하려고 하다」

· もう少年(しょうねん)を信(しん)じようとはしませんでした。
이젠 소년을 믿으려고 하지 않았습니다.

· 子(こ)どもは、母親(ははおや)のそばを離(はな)れようとしません。
아이는 어머니의 곁을 떠나려고 하지 않습니다.

4 ～に違いない ~임에 틀림없다

확신을 나타내는 주관적인 표현.

· きっとまたうそに違(ちが)いない。
또 거짓말임에 틀림없다.

· この文(ぶん)は、彼(かれ)が書(か)いたに違(ちが)いない。
이 문장은 그가 쓴 것임에 틀림없다.

5 ～ものか ~할까 보냐, ~할 수 있나

「~ものか」는 동사 · イ형용사의 보통형에 붙어, 상대의 생각이나 의견을 부정하여 '절대 ~지 않겠다'라는 뜻을 나타낸다. 반어 표현. (=二度と~ない / 決して~ない)

· もうだまされるものか。
다시는 속을까 보냐.

· 誰(だれ)があいつのことなんか助(たす)けてやるものか。
누가 저따위 놈을 도와줄까 보냐.

함께 이야기해 봐요

1. 退屈していた羊飼いの少年が考えた、おもしろい事とは何でしたか。

2. 一日目と二日目、羊飼いの少年の声を聞いた村人達はどうしましたか。

3. 二日目、羊飼いの少年の前に何が現れましたか。

4. 三日目、「助けて!!」という少年の声を聞いた村人達は、どうしましたか。

5. この話から、どんな事を学ぶことができますか。

❶ うそは、2回でやめなければいけない。

❷ うそをついてばかりいると、人から信用されなくなる。

❸ 困難な事に出くわしたら、自ら戦う勇気を持つべきだ。

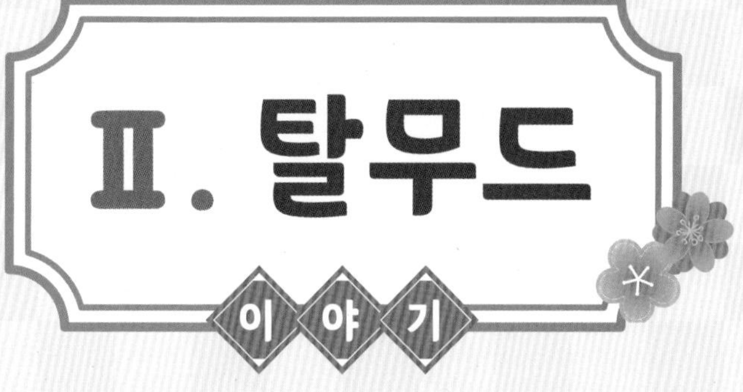

Ⅱ. 탈무드 이야기

'위대한 연구'라는 뜻을 가지고 있는 〈탈무드〉는 교육을 삶의 가장 큰 목표로 생각한 유대인들의 5천 년에 걸친 지혜를 담고 있습니다. 전부 합해서 20권, 총 12,000페이지로 되어 있으며 지금도 유대인들은 학교 공부를 하기 전에 성경과 탈무드를 읽는다고 합니다.

5 慈悲深(じひぶか)い農夫(のうふ)

昔(むかし)、人助(ひとだす)けをするのが好(す)きな慈悲深(じひぶか)い農夫(のうふ)がいました。

この農夫(のうふ)には、両親(りょうしん)が残(のこ)してくれた財産(ざいさん)が、たくさんありました。

しかし、この財産(ざいさん)の半分近(はんぶんちか)くを、人助(ひとだす)けする時(とき)に使(つか)ったり、学校(がっこう)に寄付(きふ)したりしました[1]。

そんなある日(ひ)の事(こと)、農夫(のうふ)の村(むら)に台風(たいふう)が来(き)ました。

農夫(のうふ)の田畑(たはた)は、全(すべ)て台無(だいな)しになりました。

単語

- 慈悲深(じひぶか)い 자비롭다
- 農夫(のうふ) 농부
- 人助(ひとだす)け 남 돕기
- 財産(ざいさん) 재산
- 寄付(きふ) 기부
- 台風(たいふう) 태풍
- 台無(だいな)しになる 못 쓰게 되다, 망하다

05

「私には、家畜がいるからいいが、村の人々は、これからどうやって暮らしていくのだろうか…。」

農夫は、自分の田畑が駄目になっても、まず、村の人々の心配をしました。

数日後、村に突然、突風が吹きました。

農夫の家畜は、飛んできた石に当たり、死んでしまいました。

農夫の妻が泣きながら言いました。

「どうしましょう。家畜が全部死んでしまいました。」

すると、農夫が言いました。

「私達には土地が残っているじゃないか。心配しなくて大丈夫だよ。」

- 家畜(かちく) 가축
- 突風(とっぷう) 돌풍
- 土地(とち) 땅, 토지
- 駄目(だめ)になる 못 쓰게 되다
- 妻(つま) 아내
- 奪(うば)われる 빼앗기다

しかし、その土地もすぐ奪われてしまいました。

農夫にお金をかした人が、お金をすぐ返せないのなら代わりに[2]土地を手放すようにと言ってきたからです。

「私達、一文無しになってしまいましたね。」

農夫の妻は、泣き崩れました。

それ以来、農夫とその家族は貧しい生活を強いられました。

そんなある日のことでした。

農夫の様子を聞いたラビ達が、農夫を訪ねて来ました。

農夫はラビ達を温かく迎えました。

単語

· 手放(てばな)す 내놓다, 넘기다
· 泣(な)き崩(くず)れる 쓰러져 통곡하다
· 様子(ようす) 소식(형편, 상황)
· 迎(むか)える 맞아들이다
· 一文無(いちもんな)し 빈털터리
· 強(し)いられる 강요당하다
· ラビ 랍비

「いらっしゃい。しかし、どうしたものか…。差し上げる物はほとんどないのだが…。」

その言葉を聞いたラビ達は、

「いいえ、とんでもありません。何かお手伝いできればと思うのですが、私達もこのような状態ですので、申し訳ない限りです[3]。」

と言いました。

その時、頭を下げていた農夫がすっと立ちあがり、何かを持って来ました。

「少しですが、これだけでも差し上げたいと思います。」

農夫が持ってきたものは、小さな包みでした。

中には、お金が入っていました。

「残った畑の半分を売りました。このお金は、学校の為にお使いください。」

· いらっしゃい 어서 오세요

· ~ない限(かぎ)りです ~기 짝이 없다 · とんでもない 터무니없다

· 包(つつ)み 보따리, 꾸러미 · 畑(はたけ) 밭

· 半分(はんぶん) 반

ラビ達は、農夫に深く感謝して、帰っていきました。

農夫には、もう半区画の畑しか[4]残っていませんでした。

農夫は、畑だけでも[5]一生懸命耕して生活しなければいけないと思い、隣の家から牛を一頭借りてきて、畑に向かいました。

ところが、どうしたことでしょう。

畑のまん中で、牛がバタッと倒れたのでした。

「私が無理をさせてしまったみたいだな。」

農夫は、牛の頭をなでながら、涙を流しました。

その時です。

農夫の目に、何か光るものが見えました。

よく見ると、それは大きな宝石でした。

農夫は、その宝石を売り、またお金持ちになりました。

大きい家にも引っ越しました。

単語

- 区画(くかく) 구획
- バタッと 툭, 털썩
- なでる 쓰다듬다
- お金持(かねも)ち 부자
- 耕(たがや)す 갈다
- 倒(たお)れる 쓰러지다
- 宝石(ほうせき) 보석
- 引(ひ)っ越(こ)す 이사하다

農夫の様子が心配で訪ねてきたラビ達は、びっくりしました。

「あなた様の幸せそうな姿を拝見できて、とてもうれしいです。」

農夫はラビ達の手を握ってこう言いました。

「私も今になって分かりました。良いことをした分、それが自分に返ってくるということを。」

そうして、農夫は、長い間幸せに暮らしました。

- ·びっくりする 깜짝 놀라다
- ·拝見(はいけん)する 삼가 보다
- ·～した分(ぶん) ~한 만큼
- ·姿(すがた) 모습
- ·握(にぎ)る 잡다
- ·長(なが)い間(あいだ) 오래오래

문형연습

1　～たり～たりする ~하거나 ~하곤 하다

많은 사례 중에서 몇 가지 예를 들어 말할 때 쓰는 표현.

· 財産の半分近くを、人助けに使ったり、あるいは、学校に寄付したりしました。

재산의 절반을 남을 돕는 데 쓰거나 학교에 기부하곤 했습니다.

· 連休は公園に行ったりプールに行ったりして過ごしました。

연휴 때는 공원에 가거나 풀장에 가곤 하며 지냈습니다.

2　～代わりに ~(하는) 대신에

'~의 대가로'와 같은 뜻.

· お金をすぐ返せないのなら代わりに土地を手放すようにと言ってきたからです。

돈을 당장 갚을 수 없다면 대신에 땅을 넘기라고 했기 때문입니다.

· 今週、レッスンを休む代わりに、来週は2回します。

이번 주 레슨을 쉬는 대신에 다음 주는 두 번 하겠습니다.

3　～限りだ ~기 짝이 없다 / 너무 ~하다

감정을 나타내는 형용사에 붙어 정도를 강조하는 표현.

· 申し訳ない限りです。

죄송하기 짝이 없습니다.

·こうしてまたお会(あ)いできるとは、うれしい限(かぎ)りです。

이렇게 또 만날 수 있다니 너무 기뻐요.

4　～しか ～ない ~밖에 ~하지 않다

'~뿐으로 그 외에는 아무것도 없다'는 뜻.

·農夫(のうふ)にはもう、半区画(はんくかく)の畑(はたけ)しか残(のこ)っていませんでした。

이젠 농부에게는 반 구획의 밭밖에 남아 있지 않았습니다.

·出発(しゅっぱつ)まであと15分(ふん)しかありませんよ、急(いそ)いで!!

출발까지 이제 15분밖에 안 남았어요. 서둘러요!!

5　～だけでも ~만이라도

한정의「~だけ」와 조건 용법이 있는「でも」가 연결된 표현. 뒤에는 긍정형이 온다. 뒤에 부정형이 올 때는「~だけでは」가 되는 것에 주의.

·農夫(のうふ)は、畑(はたけ)だけでも一生懸命耕(いっしょうけんめいたがや)して生活(せいかつ)しなければいけないと思(おも)った。

농부는 밭만이라도 열심히 갈아서 살아야겠다고 생각했다.

·手紙(てがみ)が無理(むり)なら、電話(でんわ)だけでも下(くだ)さい。

편지가 어렵다면 전화만이라도 주세요.

함께 이야기해 봐요

1. 農夫は財産の半分近くを何に使いましたか。

2. 家を訪ねてきたラビ達に、農夫は何をあげましたか。

3. 畑を耕している時、農夫が見つけたものは何ですか。
そのおかげで、農夫の暮らしはどうなりましたか。

4. 農夫は、今回の事で、何を悟ったと言いましたか。

5. この話から、どんな事を学ぶことが出来ますか。

❶「お金がたくさんある = 人を助けることが出来る」ではない。一番大切なのは、自分より大変な人々を、第一に考えてやる心である。

❷ 財産というものは、非常時のために、ある程度残しておく方がよい。

❸ お金がない限り、貧しい人々を助けることは出来ない。お金さえあれば、みんな幸せに暮らせるのである。

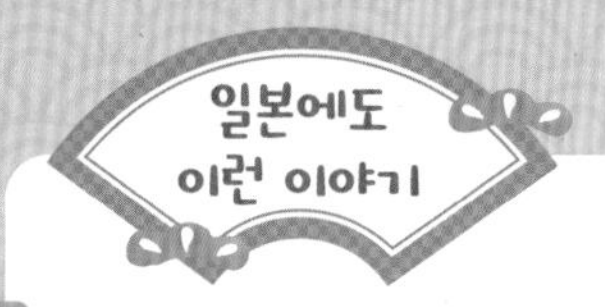

「かさじぞう」

삿갓 지장보살

5

옛날에 삿갓을 만들어 파는 할아버지와 할머니가 있었습니다.

추운 겨울날, 할아버지가 삿갓을 팔러 나갔지만 너무 추운 날이라 하나도 팔지 못한 채 그냥 돌아오게 되었습니다.

집에 오는 길에 할아버지는 머리에 눈이 쌓여 있는 돌로 만든 지장보살을 만났습니다. 할아버지는 돌로 만든 지장보살이지만 너무 측은해 보여서 가지고 있던 삿갓을 모두 씌어 주었습니다. 하지만 삿갓이 하나 부족했고 할아버지는 고민을 하다가 자신이 쓰고 있는 삿갓마저 마지막 지장보살에게 씌워주고 기쁜 마음으로 집으로 돌아오게 되었습니다. 그날 밤, 할아버지의 따뜻한 마음에 감동한 지장보살들이 할아버지의 은혜에 보답하고자 많은 쌀과 보물을 가져다 주었습니다.

이 이야기에서는 남을 배려해 주는 마음이 얼마나 소중한 것인지를 배울 수 있습니다. 만일 자기보다 어려운 상황에 처한 사람을 만났다면, 꼭 용기를 내어 도와 주세요. 그 방법은 사람에 따라 다르겠지만 그 따뜻한 마음은 상대방에게 충분히 전해질 것입니다. 그리고 남에게 베푼 선행은 다시 자기 자신에게 되돌아온답니다.

* 지장보살이란? … 석가 열반 후 미륵보살이 나타날 때까지 중생을 교화한다는 보살.

6 賢い息子

ある旅人が、旅の途中で病気になってしまいました。

その旅人の体は、日に日に悪くなる一方で[1]、病気が治る兆しは見られませんでした。

ある日のこと、旅人は、旅館の主人を呼んで、こう言いました。

「故郷から、わしの息子を呼んでください。そして、息子に、私の全財産を渡してください。しかし、一つだけ条件が

単語

- 賢(かしこ)い 현명하다
- 兆(きざ)し 징조
- 全財産(ぜんざいさん) 전재산, 모든 재산
- 息子(むすこ) 아들
- 旅館(りょかん) 여관
- 条件(じょうけん) 조건

あります。息子に三度の試練を与えてください。そして、その三度の試練において、息子が、筋道の通った賢明な行動をとった時に、財産を渡してほしいのです。」

そう言って、旅人は息をひきとりました。

旅館の主人は、旅人の息子に、父親の死を知らせるため電報を打ちました。

そこには、旅館の名前は書かず[2]、村の名前だけを書いたのです。

一方、電報を受け取った息子は、あわてて家を出発しました。

そして、旅館がある村まで来ると、近くを通りかかった荷物運びの男にこうたずねました。

· 試練(しれん) 시험, 시련
· 賢明(けんめい)だ(=賢い) 현명하다
· 筋道(すじみち)が通(とお)る 도리에 맞다
· 息(いき)をひきとる 숨을 거두다
· 電報(でんぽう) 전보
· 荷物(にもつ)運(はこ)び 짐꾼

「少し前、この村のある旅館で人が亡くなったと聞いたのですが、その旅館はどこですか?」

するると、荷物運びの男が答えました。

「ちょうど、その旅館の方へ行く途中なので、案内しましょう。さぁ、馬車に乗ってください。」

そうして、息子は、荷物運びの馬車に乗って、旅館に着きました。

つまり、一つ目の試練を乗り越えたというわけです[3]。

単語

· 亡(な)くなる 돌아가시다, 죽다
· 案内(あんない)する 안내하다
· つまり 즉
· 乗(の)り越(こ)える 넘어가다, 통과하다
· 途中(とちゅう) 도중(에)
· 馬車(ばしゃ) 마차
· 一(ひと)つ目(め) 첫 번째

息子が旅館についた時は、すでに日が沈みかけていました。

旅館の主人は、夕食ににわとり五羽を準備しました。

しかし、旅館の主人の家族まで合わせると、全部で七人です。

夕食のにわとりは五羽なのに、食べる人は七人、大変なことになりました。

そこで主人は、息子に言いました。

「このにわとりを、公平にわけてみたまえ。」

そう言いながら、主人はにわとりを息子に渡しました。

息子は、落ち着いた表情で、少しの間考え、次のような行動をとりました。

旅館の主人の二人の息子に、にわとり一羽を。

二人の娘にも、にわとり一羽を。

- 夕食(ゆうしょく) 저녁 식사
- ～羽(わ) ~마리
- 公平(こうへい)に 공평하게
- 息子(むすこ) 아들
- にわとり 닭
- 準備(じゅんび) 준비
- 渡(わた)す 건네다, 주다
- 娘(むすめ) 딸

主人夫婦にも、にわとり一羽を。

そして、自分の皿には、にわとり二羽をおきました。

すると、主人が怒って、こう言いました。

「こんな不公平な分け方があるものか!!」

すると、息子が言いました。

「あなたの二人の息子さんと、にわとり一羽を合わせると、「三」になります。同様に、二人の娘さんと、にわとりを合わせても「三」、ご主人夫婦とにわとりを合わせても「三」になります。」

息子は、続けて言いました。

「よく見てください。私とにわとり二羽を合わせても「三」になるのです。こんなに公平な方法がどこにありますか?[4]」

それを聞いた主人は、何も言えませんでした。

つまり、第二の試練も乗り越えたというわけです。

単語

· 夫婦(ふうふ) 부부
· 怒(おこ)る 화를 내다
· 分(わ)け方(かた) 나누는 방법
· 同様(どうよう)に 마찬가지로
· 皿(さら) 접시
· 不公平(ふこうへい) 불공평
· 合(あ)わせる 합하다

次の日の朝になりました。

台所からは、美味しそうなにわとりのにおいがただよってきました。

朝食の準備が出来たと聞いて食堂に行ってみると、にわとりが一羽、食卓の上に置いてありました。

「さぁ、今回も公平にわけてみなさい。」

主人が言いました。

息子は、あわてる様子一つなく、少しの間考え、次のような行動をとりました。

- ·台所(だいどころ) 부엌
- ·ただよう 풍기다
- ·食堂(しょくどう) 식당
- ·あわてる 당황하다
- ·におい 냄새
- ·朝食(ちょうしょく) 아침식사
- ·食卓(しょくたく) 식탁

まず、にわとりの頭を切って、主人夫婦に渡しました。

次に、羽の部分を切り取って、二人の娘に渡しました。

二本の足は、二人の息子に与えられました。

そして、体の部分は、自分の皿の上に置きました。

「なんだ、これは。あまりにもひどすぎる。美味しい体の部分を自分一人で食べるとは…。」

主人が言いました。

すると、息子が言いました。

「私は、あなた方にピッタリ合う部分をわけたつもりです。まず、ご主人様と奥様はこの家の中で一番えらい方なので「頭」を。次に、二人の息子さんには、男らしく走り回りながら永遠に健康でいらっしゃるようにと、「にわとりの足」を。そして、

単語

- 羽(はね) 날개
- 奥様(おくさま) 사모님
- 男(おとこ)らしい 사내답다, 씩씩하다
- 走(はし)り回(まわ)る 뛰어다니다
- ピッタリ 딱
- えらい 위대하다, 훌륭하다

二人の娘さんには、近いうちに結婚されて、この家をお発ちになるということで、「にわとりの羽」を差し上げただけでございます。したがって私は、誰とも関係ない「にわとりの体」をいただきました。」

それを聞いた主人は、息子の賢明な判断にコクリとうなずきました。

こうやって、息子は三度の試練を乗り切りました[5]。主人は、旅人の言葉通りに、旅人の全ての財産を息子に渡したということです。

- 永遠(えいえん)に 영원히
- 発(た)つ 떠나다
- 判断(はんだん) 판단
- コクリとうなずく 고개를 끄덕이다 (= 수긍하다)
- 健康(けんこう) 건강
- 似合(にあ)う 어울리다
- ～通(とお)り ~대로

문형연습

1 ～一方だ ~만 하다 / ~할 뿐이다

좋은 일, 좋지 않은 일에 광범위하게 쓰며, 변화를 나타내는 단어와 함께 써서 변화가 한 방향으로 계속 진행되는 것을 나타낸다.

· その旅人(たびびと)の体(からだ)は、日(ひ)に日(ひ)に悪(わる)くなる一方(いっぽう)で、病気(びょうき)が治(なお)る兆(きざ)しは見(み)られませんでした。

그 나그네의 몸은 날이 갈수록 나빠지기만 할 뿐 나을 징조가 보이지 않았습니다.

· 日本(にほん)の失業率(しつぎょうりつ)は年々(ねんねん)上(あ)がる一方(いっぽう)です。

일본의 실업률은 해마다 오를 뿐입니다.

2 ～ず ~않고

「~ないで」에 해당하는 고어표현.

· そこには、旅館(りょかん)の名前(なまえ)は書(か)かず、村(むら)の名前(なまえ)だけを書(か)いたのです。

거기에는 여관 이름은 쓰지 않고 마을 이름만 썼습니다.

· 一年間仕事(いちねんかんしごと)をせず、遊(あそ)び暮(く)らしていました。

일년 동안 일을 하지 않고 놀며 지냈습니다.

3 つまり～というわけだ(ことだ) 즉 ~한 셈이다(것이다)

결론적으로 말해서, 요컨대… 하고 말을 이어갈 때 쓰는 표현.

·つまり、一つ目の試練を乗り越えたというわけです。
즉 첫 번째 시험을 넘긴 셈입니다.

·あなたの話を一言で言うと、つまり言えなかったということですね!
당신의 말을 한 마디로 한다면 즉 말을 못 했다는 거군요!

6

4 (こんな) ~が どこに~ (이런) ~가 어디 ~

반어를 사용해서 강조를 나타내는 표현.

·こんなに公平な方法がどこにありますか。
이렇게 공평한 방법이 어디 있겠습니까?

·あんなにやさしい人がどこにいるの? さっさと結婚を決めなさい。
저렇게 다정한 사람이 어디 있어? 얼른 결혼을 결정해.

5 こうして ~ました 이렇게 해서 ~했습니다

어떤 과정을 거쳐서 이렇게 됐다는 결과를 나타내는 표현.

·こうして、息子は三度の試練を乗り切りました。
이렇게 해서 아들은 세 번의 시험을 모두 다 넘겼습니다.

·こうして二人は親しくなりました。
이렇게 해서 두 사람은 친해졌습니다.

함께 이야기해 봐요

1. 旅館の主人が息子に与えた、第一の試練とは何ですか。

2. 息子は、にわとり五羽をどのように分けましたか。

3. 次の日の朝、息子は、にわとり一羽をどのように分けましたか。

4. どうして、そのような分け方にしたのですか。

5. この話から、どんな事を学ぶ事ができますか。

   ❶ 親の財産というものは、賢明な者だけが相続する事ができる。

   ❷ 数が足りない場合は、一旦、全部を合わせてから人数分に等分するとよい。

   ❸ どんなに困難な状況に出会わしても、あわてずに、落ちついて考える事が大切だ。そうする事によって、何かしら解決策は見えてくるものである。

Ⅲ. 어린왕자

이야기

-저자 『생떽쥐베리(1900-1944)』에 대하여-

1900년 6월, 프랑스 리용의 귀족 가문에서 태어났습니다. 어렸을 때부터 하늘을 나는 것에 정열을 가지고 있었으며, 병역으로 공군에 입대, 나중에는 민간의 파일럿으로 활약하게 됩니다. 파일럿의 체험을 바탕으로 『야간비행』이나 『인간의 대지』 등을 쓰고 작가로도 성공합니다. 전쟁을 피해 미국으로 망명하여, 1943년 삽화도 직접 그린 『어린왕자』를 출판하게 됩니다. 같은 해 프랑스군에 다시 복귀, 이듬해 1944년 코르시카섬 앞바다에서 행방불명되었습니다.

7 王子さまとの出会い

六つの時、原始林のことを書いた「ほんとうにあった話」という本の中で、一匹のけものをのみこもうとしている、「ウワバミ」の絵を見たことがあります。

その本には、「ウワバミ」について、こう書いてありました。

—「ウワバミ」というものは[1]、そのえじきをかまずに、ペロリとのみこむ。すると、動けなくなって、半年の間、眠

単語

- 原始林(げんしりん) 원시림
- のみこむ 삼키다
- えじき 먹이, 희생
- ペロリ 꿀떡, 꿀꺽
- けもの 괴물
- ウワバミ 큰 뱀, 구렁이
- かむ 씹다
- 半年(はんとし) 반년

07

りにつくのだが、その間に、のみこんだけものを、お腹の中でこなすのである。—

さっそく、ぼくは、ウワバミの絵を描きました。

そして、その絵を、おとなの人達に見せました。

しかし、おとなの人達は、そんなウワバミの絵なんかはやめにして、地理と歴史と算数の勉強に、精を出しなさいと言いました。

それ以来、ぼくは、絵を描くことをやめました。

ぼくは、仕方なしに、べつの職をえらんで、飛行機の操縦をおぼえました。そして、世界中を飛び回りました。

なるほど、地理は、たいそうぼくの役に立ちました。

ぼくは、そんなことで、おとな達の間で暮らしました。

- こなす 소화시키다
- 地理(ちり) 지리
- 歴史(れきし) 역사
- 算数(さんすう) 산수
- 精(せい)を出(だ)す 힘을 쓰다
- 職(しょく) 직업
- 操縦(そうじゅう) 조종
- たいそう 매우, 굉장히

たくさんのえらい人達と、あきるほど近づきになりました。

その中でも、ものわかりのよさそうな人に出くわすと、ぼくは、いつも手もとにもっている「ウワバミ」の絵を見せました。

しかし、その人達の返事は、いつも同じものでした。

そこで、ぼくは、ウワバミの絵も、ウワバミの話もやめにして、その人の分かりそうな事に話を変えました。

政治や、ゴルフや、ネクタイの話です。

すると、そのおとな達は、たいそう満足するのでした。

そんなわけで、6年前、飛行機がサハラ砂漠でパンクするまで、親身に話をする相手がいませんでした。

単語

- えらい 위대하다, 훌륭하다
- ものわかり 이해력, 분별력
- 手(て)もと 손 닿는 곳
- 満足(まんぞく) 만족
- あきる 질리다
- 出(で)くわす 마주치다
- 政治(せいじ) 정치

近くには誰もいなかったので、ぼくは、むずかしい修理を、ひとりでやってのけました。

ぼくにとっては、生きるか死ぬかの時でした。

ぼくは、人の住んでいるところから、千マイルもはなれた砂地の中で、一人で眠りました。

すると、どうでしょう。

驚いたことに、夜が明けると、小さな声がするので、ぼくは目を覚しました。

ぼくは、びっくりぎょうてんして目を覚すと、とても様子の変わった坊ちゃんが、ぼくをじろじろ見ていました。

- 砂漠(さばく) 사막
- 親身(しんみ) 식구처럼 친근함
- マイル 마일(mile)
- 坊(ぼっ)ちゃん 도련님
- パンクする 펑크나다
- 修理(しゅうり) 수리
- 変(か)わった 별난, 특이한
- じろじろ 빤히 보는 모양

そして、こう言いました。

「ねぇ、ひつじの絵を描いて…」

ぼくは、ひつじの絵を描いたことがありません。

そこで、ウワバミの絵を描きました。

すると、坊ちゃんがこう言いました。

「ちがう!! ぼくウワバミの絵なんかいやだよ。‘ウワバミ’って、とても、けんのんなやつだろう? そんなのいらないんだ。ひつじの絵を描いてよ!!」

ぼくは、あっけにとられました。今まで、こんなものわかりのいい人には、出会ったことがなかったからです。

単語

・ひつじ 양

・やつ 놈

・あっけにとられる 기가 차다

・けんのんだ 위험하다

・いらない 필요없다

・出会(であ)う 만나다

ぼくは、ひつじの絵を描きました。

坊ちゃんは、その絵をじっと見て、こう言いました。

「だめ! このひつじは、病気で、今にも死にそう[2]じゃないか!!」

そこで、ぼくは、絵を描きなおしました。

描きなおしても、描きなおしても[3]、坊ちゃんは気に入らないようでした。

ぼくは、がまんしきれなくなって、簡単な箱の絵を描いて、こう言いました。

「あんたのほしいひつじ、この中にいるよ。」

すると、どうでしょう。

坊ちゃんの顔がパッと明るくなったのです。

「うん、こんなひつじがほしかったんだ。

…おや、ねちゃったよ、このひつじ…」

こうして、ぼくは、王子さまと知り合いになりました。

- ·描(か)く　그리다
- ·今(いま)にも　당장이라도
- ·箱(はこ)　상자
- ·知(し)り合(あ)い　아는 사이
- ·じっと　꼼짝않고, 가만히
- ·気(き)に入(い)る　마음에 들다
- ·パッと　확

王子さまが、いったい、どこから来たのか、それがわかるまでには、だいぶ時間がかかりました。

そして、ようやく、大事なことを知りました。

それは、王子さまのふるさとの星が、家くらいの大きさだということでした。

といったって、ぼくは、たいして、おどろきませんでした。地球や木星などの、大きな星のなかにも、何百という星があって、それが、望遠鏡でも見えないくらいに小さい星であることを、ぼくはよく知っていたからです。

ぼくは、王子さまのふるさとは、小惑星、B-612番だと思いました。

その星は、1909年にトルコの天文学者が、一度見たきりの星です。

単語

- ようやく 겨우
- ふるさと 고향
- 木星(もくせい) 목성
- 望遠鏡(ぼうえんきょう) 망원경
- 小惑星(しょうわくせい) 소혹성
- トルコ 터키(튀르키예)
- 天文学者(てんもんがくしゃ) 천문학자

B-612

문형연습

1　~というものは　~라는 것은, ~란

사물이나 단어, 어휘의 뜻을 설명할 때 쓰는 표현.

·「ウワバミ」というものは、そのえじきをかまずに、ペロリとのみこむ。

'구렁이'라는 것은 그 먹이를 씹지 않고 통째로 꿀떡 삼킨다.

·商売(しょうばい)というものはお前(まえ)が考(かんが)えているほど楽(らく)ではないよ。

장사라는 게 네가 생각하는 것처럼 쉬운 게 아냐.

2　今にも ~そうだ　당장이라도 ~할 것 같다

어떤 일이 금방 실현할 듯 할 때, 상당히 절박한 상황일 때 쓰인다.

·だめ! このひつじは、病気(びょうき)で、今(いま)にも死(し)にそうじゃないか!!

안돼! 이 양은 병에 걸려서 당장이라도 죽을 것 같잖아!!

·試験(しけん)に落(お)ちたショックで、今(いま)にも倒(たお)れそうだ。

시험에 떨어진 충격으로 당장이라도 쓰러질 것 같다.

3　~ても~ても　~해도 ~해도

같은 동사를 반복하여 아무리 애를 써도 원하는 결과를 얻을 수 없음을 강조한다. 일반적으로 뒤에는 부정형이 온다.

·描(か)きなおしても、描(か)きなおしても、坊(ぼっ)ちゃんは気(き)に入(い)らないようでした。

다시 그리고 또 다시 그려도 도련님은 마음에 안 드는 모양이었습니다.

· 服に汚れがついてしまって、洗っても洗っても落ちません。

옷에 때가 묻었는데, 빨아도 빨아도 빠지지 않습니다.

4 부사(의성어, 의태어)

· とても様子の変わった坊ちゃんが、ぼくをじろじろ見ていました。

아주 특이한 차림을 한 도련님이 나를 빤히 쳐다보고 있었습니다.

* 보는 동작을 나타내는 의태어

❶ じっと … 빤히 보는 것. 어떤 것에서 눈을 떼지 않고 바라보는 모양. 빤히.

· 彼女は相手の顔をじっと見た。

그녀는 상대방의 얼굴을 빤히 쳐다봤다.

❷ きょろきょろ … 두리번두리번. 안정감 없이 주변을 신기하듯 보는 모양.

· 何を探しているのか彼は辺りをきょろきょろ見回した。

무언가를 찾고 있는 듯 그는 주위를 두리번거렸다.

❸ ちらりと … 힐끔힐끔.

· 隣に座っている人を横目でちらりと見る。

옆에 앉아 있는 사람을 곁눈으로 힐끔 본다.

❹ ぱっと … 얼핏, 휙.

· 彼はぱっと見ると普通の会社員のように見えるが、実は秘密のスパイだった。

그는 얼핏 보면 보통 회사원처럼 보이지만, 실은 비밀 스파이였다.

함께 이야기해 봐요

1. 「ウワバミ」とは、どんな生き物ですか。

2. 王子さまとは、いつ、どこで会いましたか。

3. 筆者は、王子さまの事を、どんな人だと言っていますか。

4. 王子さまの気に入ったひつじとは、どんなひつじですか。

5. 王子さまのふるさとの星は、どのくらいの大きさですか。

8 キツネを飼いならした王子さま

王子さまが旅を始めて、七番目にやってきた星が地球でした。

王子さまは、地球に足をふみいれると、誰もいないので、びっくりしました。

星を間違えたのではないかと心配していました。

すると、王子さまの目の前に、動物が一匹、現われました。

単語

- ·キツネ 여우
- ·～番目(ばんめ) ~번째
- ·間違(まちが)える 틀리다
- ·動物(どうぶつ) 동물
- ·飼(か)いならす 길을 들이다
- ·ふみいれる (발을) 들여놓다
- ·目(め)の前(まえ) 눈 앞
- ·現(あら)われる 나타나다

「こんにちは。」

と、その動物が言いました。

「こんにちは。」

王子さまもていねいにあいさつをしました。

「きみ、誰だい? とてもきれいな皮をきているね…。」

王子さまが言いました。

すると、その動物が

「おれは、キツネだよ。」

と言いました。

「ぼくと遊ばないかい? ぼく、本当にさびしいんだ…。」

王子さまは、キツネに向かって言いました。

「おれはあんたと遊べないよ。飼いならされちゃいないんだから。」

と、キツネが言いました。

「それは、失敬したな。…で、‘飼いならす’って何だい?」

- ていねいに 공손하게
- あいさつ 인사
- 皮(かわ) 가죽
- キツネ 여우
- さびしい 쓸쓸하다
- あんた 너
- 失敬(しっけい) 실례(미안하다고 사과할 때)

王子さまは、不思議そうにたずねました。

「あんた、ここの人じゃないな。一体、どこから来たんだい? 何をさがしてるんだい?」

「人間をさがしてるんだよ。それより、‘飼いならす’って何だい?」

すると、キツネが言いました。

「‘飼いならす’って事は、‘仲良くなる’ってことさ。」

キツネは続けました。

「おれの目から見ると、あんたは、まだ他の十万もの男の子と、別に変わりのない男の子なのさ。だから、おれはあんたがいなくたっていいんだ。あんたもやっぱりおれがいなくたって

単語

· 不思議(ふしぎ)そうに　이상하게
· 一体(いったい)　도대체
· 人間(にんげん)　인간
· 仲良(なかよ)くなる　사이가 좋아지다, 친해지다
· やっぱり　역시

いいんだ。あんたの目から見るとおれは、十万ものキツネとおなじなんだ。だけど、あんたがおれを飼いならすと、おれ達はもうお互いに離れちゃいられなくなるんだ。あんたは、おれにとってこの世でたった一人の人になるし、おれは、あんたにとって、かけがえのないものになるんだよ…。」

キツネが王子さまに話しました。

「おれ、毎日同じことして暮らしているんだ。おれがニワトリをおっかけると、人間のやつがおれを追っかける。人間もニワトリも、みんな似たりよったりだから、おれは少したいくつしているんだ。だけどもし、あんたがおれと仲良くしてくれたら、おれは、お日様にあたったような気持ちになって暮らしていけるんだ。」

- ·お互(たが)い 서로
- ·かけがえのない 둘도 없는
- ·やつ 놈
- ·お日様(ひさま) 해, 햇님
- ·この世(よ) 세상
- ·ニワトリ 닭
- ·似(に)たりよったり 비슷비슷함
- ·日(ひ)に当(あ)たる 햇볕을 쬐다

王子さまは、だまって聞いていました。

「足音だって、今日まで聞いてきたのとは違ったのが聞けるんだ。他の足音がすると、おれは穴の中にすっこんでしまう。でも、あんたの足音がすると、おれは音楽でも聞いているかのような[1]気持ちになって、穴の外へはいだすだろうね。」

キツネは、話し続けました。

「あの麦畑だって同じだよ。おれはパンなんか[2]食いやしない。麦なんて、なんにもなりゃしないんだ。だから麦畑なんか見たところで[3]、思い出すことって何にもありゃしないよ。だけど、あんたがおれと仲良くしてくれたら、おれには何で

単語

- 足音(あしおと) 발소리
- 音楽(おんがく) 음악
- 麦畑(むぎばたけ) 밀밭
- 麦(むぎ) 밀, 보리 등 맥류
- 穴(あな) 구멍
- はいだす 기어나가다
- パン 빵

もなかった麦畑がすばらしいものに見えるだろう。金色の麦を見ると、あんたのそのきれいな金色の髪を思い出すだろうな。それに麦を吹く風の音だって、おれにとってはうれしいだろう…。」

そう言うと、キツネはだまって、長いこと王子様の顔を見つめました。

そして、こう言いました。

「なんなら、おれと仲良くしてくれよ。」

あくる日もまた、王子さまはキツネの所にやって来ました。

すると、キツネが言いました。

「いつも同じ時刻にやって来る方がいい[4]んだ。あんたが午後四時にやって来るとすると、おれは三時にはもう嬉しくなり出すというわけ[5]さ。

· 金色(きんいろ) 금색

· なんなら 뭣하면, 웬만하면

· 時刻(じこく) 시각

· だまって 잠자코

· あくる日(ひ) 다음 날

そして、四時にはもうおちおちしていられなくなって、おれは幸福のありがたさを身にしみて思う。だけど、もしあんたがいつでもかまわずにやって来ると、いつ、あんたを待つ気持ちになっていいのか…ようするに、‘きまり’が必要なんだよ。」

「きまり?」

王子さまが、首をかしげました。

すると、キツネが言いました。

「それがあると、ひとつの日が他の日と違う日になり、あるひとつの時間が、他の時間とは違うようになるのさ。」

王子さまとキツネは、話をしているうちに仲良くなりました。

しかし、王子さまとの別れの時刻が近づくと、キツネがこう言いました。

「おれ、きっと泣いちゃうよ。」

単語

· おちおち〜ない 마음 편하게 ~못하다
· 幸福(こうふく) 행복
· 身(み)にしみる 뼈저리게 느끼다
· かまう 상관하다
· きまり 규칙, 의례
· 首(くび)をかしげる 고개를 갸웃거리다

とうとう、王子さまとキツネの別れの時がやって来ました。

「さようなら。」

王子さまが言いました。

「さようなら。」

キツネが言いました。

「あんたに秘密を一つおくりものにするよ。なに、何でもないことなんだが…。ただ、心で見なくちゃものごとはよく見えないってことさ。かんじんな事は、目には見えないんだよ。」

と、キツネが言いました。

「かんじんな事は、目には見えない。」

王子さまは、忘れないようにくりかえしました。

· 秘密(ひみつ) 비밀
· かんじんだ 중요하다, 긴요하다
· ものごと 일, 사물
· くりかえす 되풀이하다, 되뇌다

1 ～でも ～かのような ～ ~이라도 ~는 듯한 ~

실제와는 달리, 마치 그것처럼 행동하거나 느끼거나 하는 모습을 나타낸다.

· おれは音楽(おんがく)でも聞(き)いているかのような気持(きも)ちになって、穴(あな)の外(そと)へはいだすだろうね。

나는 음악이라도 듣는 것 같은 기분이 되어 굴 밖으로 기어 나올 거야.

· まるで夢(ゆめ)でも見(み)ているかのような幸(しあわ)せな一日(いちにち)だった。

마치 꿈이라도 꾸는 듯한 행복한 하루였다.

2 ～なんか ~따위 + 부정형

상대나 대상을 경시, 경멸하는 감정을 나타낸다. 명사에 접속한다.

· おれはパンなんか食(く)いやしない。

나는 빵 같은 것 안 먹어.

· あの子(こ)は手紙(てがみ)なんか書(か)かないよ。

재는 편지 같은 것 안 써.

* 「～やしない」: 「～はしない」의 강조표현으로 「全く～しない」「～することなんてできない」의 뜻이다.

3 ～たところで ~해 봤자, ~한들 + 부정형

뒤에는 부정적인 내용이 오며 주관을 강하게 드러내는 표현으로, 그런 행위를 해도 기대하는 결과는 얻을 수 없다는 것을 나타낸다.

· 麦畑(むぎばたけ)なんか見(み)たところで、思(おも)い出(だ)すことって何(なん)にもありゃしないよ。 밀밭을 본들 생각나는 것이 아무것도 없어.

· 忠告したところで反省するような人ではない。

충고를 한들 반성할 사람이 아냐.

4　~方がいい　~하는 것이 좋다(낫다)

* 「~る方がいい」와 「~た方がいい」는 큰 차이는 없지만, 상대방에게 강하게 권할 때는 「~た方がいい」를 쓰는 경향이 있다.

상대방에 대해서 충고나 조언을 하는 표현. 부정형에 접속할 때는 「~ない方がいい」가 된다.

· いつも同じ時刻にやって来る方がいいんだ。

늘 같은 시간에 오는 게 나을 거야.

· 家でじっとしているよりは、外に出て人と会う方がいいと思います。

집에 가만히 있는 것보다는 밖에 나가서 사람과 만나는 게 좋습니다.

· その人の事そんなに好きなら、告白した方がいいと思う。

그 사람을 그렇게 좋아한다면 고백하는 게 좋을 거야.

5　~とすると、~わけだ　~한다고 하면 ~한다는 것이다

· あんたが午後四時にやって来るとすると、おれは三時にはもう嬉しくなり出すというわけさ。

네가 오후 4시에 온다고 하면, 나는 3시부터 벌써 기뻐지기 시작한다는 거지.

· 十時に駅で会うとすると、九時半には家を出なければならないわけです。

10시에 역에서 만난다고 하면 9시 반에는 집을 나가야 한다는 것입니다.

함께 이야기해 봐요

1. キツネの言う「飼いならす」とは、どういうことですか。

2. 「飼いならす」と、王子さまを見るキツネの目は、どう変化しますか。

飼いならす前 …

飼いならした後 …

3. キツネは、王子さまと仲良くなったら、どういう気持ちで暮らしていけると言っていますか。

4. p. 84, 9行目

「それがあると、ひとつの日が他の日と違う日になり、ある一つの時間が、他の時間とは違うようになるのさ。」

本文中の「それ」とは何ですか。

5. キツネが教えてくれた「秘密」とは何ですか。

9 王子さまとの別れ

飛行機が砂漠の中で故障してから八日目、ぼく達は井戸を求めて歩き出しました。

ぼく達が、何時間かだまって歩いていると、日が暮れて、星が光り始めました。

ぼくは、まるで夢を見ているように、星の光をながめていました。

王子さまは、くたびれているようで、ぼくのそばに、腰を

単語

- 井戸(いど) 우물
- だまる 입을 다물다
- 夢(ゆめ)を見(み)る 꿈꾸다
- くたびれる 지치다
- 求(もと)める 찾다
- 日(ひ)が暮(く)れる 해가 지다
- ながめる 바라보다

おろしました。

そして、しばらくだまっていたあとで、こう言(い)いました。

「星(ほし)があんなに美(うつく)しいのも、目(め)に見(み)えない花(はな)が一(ひと)つあるからなんだよ…。」

ぼくは、でこぼこの砂(すな)が月(つき)の光(ひかり)を浴(あ)びているのを見(み)ながら、だまって聞(き)いていました。

「砂漠(さばく)は美(うつく)しいな…。」

王子(おうじ)さまは、続(つづ)けて言(い)いました。

まったくその通(とお)りでした。

ぼくは、砂漠(さばく)が好(す)きでした。

何(なに)も聞(き)こえない、何(なに)も見(み)えない砂漠(さばく)で、何(なに)かがひっそりと光(ひか)っているのです。

- 腰(こし)をおろす 앉다
- 砂(すな) 모래
- 浴(あ)びる 쬐다, 받다
- まったく 정말로, 참으로
- でこぼこ 울퉁불퉁
- 月(つき) 달
- ひっそりと 남몰래

すると、王子さまが言いました。

「砂漠が美しいのは、どこかに井戸があるからなんだよ。」

突然ぼくは、砂がそんなふうに、不思議に光る訳がわかっておどろきました。

ぼくが子供だった頃、ある古い家に住んでいたのですが、そこには宝が埋められているという言い伝えがありました。

もちろん、まだ誰もその宝を発見していませんし、さがそうとした人もいなかったのですが。

しかし家中が、その宝で美しい魔法にかかっているかのようでした。

単語

- 訳(わけ) 이유, 연유
- 宝(たから) 보물
- 発見(はっけん) 발견
- かかる 걸리다
- 古(ふる)い 오래되다
- 言(い)い伝(つた)え 구전
- 魔法(まほう) 마법

ぼくの家は、その奥に一つの秘密をかくしていたのです。

「そうだよ、家でも星でも砂漠でも、その美しいところは目に見えないもの[1]さ。」

ぼくは、王子さまに言いました。

すると、王子さまが言いました。

「うれしいな。きみが、ぼくのキツネと同じことを言うんだから。」

しばらくして、王子さまが眠りかけたので、ぼくは王子さまを両腕でかかえて歩き出しました。

まるで、こわれやすい宝ものを抱いているよう[2]でした。

ふさふさとした髪の毛が、風にふるえていました。

- 奥(おく) 안쪽
- かくす 숨기다
- ～しかける 바야흐로 ~하려 하다
- 両腕(りょううで) 양팔
- こわれやすい 깨지기 쉽다
- ふさふさ 둥실둥실, 한들한들
- ふるえる 떨리다

王子さまのくちびるが、心持ち開いて笑顔が見えるようでした。

こんなことを考えながら歩いていくうちに[3]、夜が明ける頃、とうとう井戸を発見しました。

ぼく達が行きついた井戸は、サハラ砂漠にある井戸らしくありません[4]でした。

砂地にただ穴だけが掘られている井戸ではなく、まるで、村にあるような井戸でした。

しかし辺りには、村なんか一つもありませんでした。

ぼくは夢を見ているような気持ちでした。

単語

- ·くちびる 입술
- ·笑顔(えがお) 웃는 얼굴, 웃는 모습
- ·砂地(すなち) 모래땅
- ·夢(ゆめ) 꿈
- ·心持(こころも)ち 조금, 약간
- ·夜(よ)が明(あ)ける 날이 새다
- ·掘(ほ)られる 파이다

あくる日、王子さまが言いました。

「ぼくは、この地球におりてきたろ？…今日、一年目の記念日なんだ。」

そして静かに笑いました。

ぼくは、もうどうにも取り返しのつかない事が起こりそうな気がして、胸のうちがつめたくなりました。

王子さまのあの笑い声が、もう、二度と聞けなくなるのだと思うだけで、しんぼうできない事がわかりました。

王子さまの笑い声を聞くことは、砂漠の中で、泉の水を見つけるのと同じことなんですから。

王子さまが、ぼくに言いました。

「夜になったら、星を眺めておくれよ。ぼくん家は、とてもちっぽけだから、どこにぼくの星があるのか、きみに見せるわけにはいかない[5]んだ。だけど、その方がいいよ。

·記念日(きねんび) 기념일

·取(と)り返(かえ)しのつかない 돌이킬 수 없는

·胸(むね)のうち 마음 속

·しんぼうする 참다

·泉(いずみ) 샘

·ちっぽけ 조그만함, 하찮음(속어)

きみはぼくの星を、星のうちのどれか一つだと思って眺められるからね。するときみは、どの星も眺めるのが好きになるよ。星がみんな、君の友達になるわけさ。」

そして、笑いました。

その夜、王子さまが出かけたのを、ぼくは気が付きませんでした。

足音一つ立てずに、姿をかくしたのです。

しばらくして、後を追って王子さまに追いつくと、王子さまは、もう腹を決めたらしくあしばやに歩いていました。

「ぼくを一人で行かせてね。」

王子さまは、そう言って腰をおろし、だまってしまいました。

単語

- 友達(ともだち) 친구
- 姿(すがた)をかくす 모습을 감추다
- 追(お)いつく 따라잡다
- あしばや 발이 빠른 모양
- 気(き)が付(つ)く 알아차리다
- 追(お)う 쫓아가다
- 腹(はら)を決(き)める 결심하다

泣いていたからです。

ぼくも腰をおろしました。

立っていられなくなったからです。

そして、王子さまが言いました。

「さあ… もう、なんにも言うことはない…。」

王子さまは、まだなにかモジモジしていましたが、やがて立ちあがりました。

そして歩き出しました。

ぼくは、動けませんでした。

· モジモジする 주저하거나 망설이는 모양

· 立(た)ち上(あ)がる 일어서다

王子さまの足首のそばに、黄色い光が‘キラッ’と光りました。

王子さまは、少しの間、身動きもしませんでした。

声一つたてませんでした。

そして、一本の木が倒れるかのように、静かに倒れました。

音ひとつしませんでした。

辺りが砂だったものですから。

単語

- ·足首(あしくび) 발목
- ·キラッ 반짝
- ·身動(みうご)き 몸을 움직임
- ·辺(あた)り 주변
- ·黄色(きいろ)い 노랗다
- ·光(ひか)る 빛나다
- ·倒(たお)れる 쓰러지다

문형연습

1 ～ものだ ~하는 것이다

진리나 성질, 일반적인 사실에 대해 감정를 담아 말할 때 쓴다. '～마련', '～법' 등으로 해석된다.

· その美(うつく)しいところは目(め)に見(み)えないものさ。

그 아름다운 부분은 눈에 보이지 않는 거야.

· 若(わか)い頃(ころ)は、親(おや)のありがたみがわからないものです。

젊을 때는 부모님의 고마움을 모르는 법이다.

2 まるで～ようだ 마치 ~ 같다

사물의 상태나 모양, 또는 행동의 모습을 다른 것에 비유하는 표현.

· まるで、こわれやすい宝(たから)ものを抱(だ)いているようでした。

마치 깨지기 쉬운 보물을 안고 있는 것 같았습니다.

· まるで、星(ほし)が降(ふ)ってくるようでした。

마치 별이 쏟아지는 것 같았습니다.

3 ～うちに (~하고 있는) 사이에

'~하는 동안에'라는 뜻. 뒤에는 어떤 일이 생기거나 변화를 나타내는 표현이 이어진다.

· 歩(ある)いていくうちに、夜(よ)が明(あ)ける頃(ころ)、とうとう井戸(いど)を発見(はっけん)しました。

걸어가는 동안에 동이 틀 무렵 드디어 우물을 발견했습니다.

·詳(くわ)しく調(しら)べていくうちに、いろいろな事(こと)がわかってきました。

자세히 알아보던 중에 여러 가지 일을 알게 되었습니다.

4 ~らしくない ~답지 않다

·サハラ砂漠(さばく)にある井戸(いど)らしくありませんでした。

사하라사막에 있는 우물답지 않았습니다.

·弱音(よわね)を吐(は)くなんて、あなたらしくないわね。

나약한 말을 하다니 당신답지 않네요.

5 ~わけにはいかない ~할 수는 없다

불가능을 나타내는 표현. 단지 '할 수 없다'는 뜻이 아니라 일반적인 상식이나 사회 통념상 못 한다, 하면 안 된다는 뜻.

·ぼくん家(ち)は、とてもちっぽけだから、どこにぼくの星(ほし)があるのか、きみに見(み)せるわけにはいかないんだ。

우리집은 너무 작아서 어디에 내 별이 있는지 너에게 보여 줄 수가 없어.

·守秘義務(しゅひぎむ)がありますので、これ以上(いじょう)はお話(はな)しするわけにはいきません。

비밀유지 의무가 있어, 더 이상 말할 수 없습니다.

함께 이야기해 봐요

1. 砂漠の砂が、不思議に光る訳は何だと言っていますか。

2. '美しいところ'というのは、どんなものだと言っていますか。

3. 王子さまの笑い声を聞くことは、何と同じだと言っていますか。

4. 王子さまはなぜ、自分の星を'ぼく'に教えなかったのですか。

5. 王子さまが倒れた時の砂漠の様子はどうでしたか。

IV. 세계의 명작

「미운 아기 오리」는 온 세계 어린이들로부터 사랑을 받고 있는 '안데르센'의 한 작품입니다. 덴마크의 동화 작가인 크리스찬 안데르센은 어렸을 때 아버지에게 들었던 옛날 이야기들을 밑거름으로 많은 작품을 썼습니다.

「현자의 선물(크리스마스 선물)」은 미국의 소설가 오 헨리의 작품입니다. 25세에 결혼 후 은행에 근무하였으나 은행 공금 횡령죄로 3년 동안 감옥살이를 했는데, 거기서 얻은 풍부한 소재로 단편소설을 쓰기 시작하였습니다. 불과 10년 남짓한 작가 활동기간 동안 300여편의 단편소설을 썼다고 합니다.

10 みにくいあひるの子

ある暑い夏の日の事でした。

あひるのお母さんが、池の近くのへいの下で四つのたまごをあたためていました。

間もなく、たまご三個が動き始めました。

そして中から可愛いあひるの子供達が出て来たのです。

子供達は「ピヨピヨ」と元気な声で鳴きました。

単語

- みにくい 밉다, 보기 싫다
- あひる 오리
- 池(いけ) 연못
- へい 담
- あたためる 품다
- 可愛(かわい)い 귀엽다
- ピヨピヨ 삐약삐약
- 鳴(な)く 울다

日に日に大きくなっていくあひるの子供達は地上にある物がめずらしく、目をきらきらさせながらあらゆるものに興味を持ちました。

「お母さん、この世の中はどのくらい大きいの?」

「お母さん、これは何ていう花なの?」

三匹の子供達はすくすく育っているのに、残り一個のたまごはまだ身動きもしませんでした。

あひるのお母さんは毎日毎日 一生懸命あたためました。

夜が明け、朝になりました。しかし、そのたまごはピクリともしませんでした。

一日が過ぎまた一日が過ぎ…

ある日のことです。

ついにそのたまごが動き始めました。

あひるのお母さんはほっとして、中から出てくる我が子を身守っていました。

- めずらしい 신기하다
- きらきらさせる 초롱초롱하다
- すくすく 쑥쑥
- 身動(みうご)き 몸을 움직임
- ピクリともしない 꿈쩍도 하지 않다
- ほっとする 안도하다
- 身守(みまも)る 지켜보다

その時です。

たまごの中から他の子供達より二倍近く大きい子供が出て来ました。

お母さんあひるはびっくりしました。

その上、他の子供達とは色までも違う子供でした。

お母さんあひるはそのみにくさ[1]に心が痛みました。

「どうしてこんな姿で生まれたのかしら? かわいそうに。」

他の子供達もびっくりした様子で、そのみにくいあひるの子を見つめていました。

それからというもの、みにくいあひるの子はみんなからのけ者にされました。

単語

- ～倍(ばい) ~배
- その上(うえ) 게다가
- 姿(すがた) 모습
- 見(み)つめる 쳐다보다
- びっくりする 깜짝 놀라다
- ～までも ~마저
- かわいそうだ 불쌍하다
- のけ者(もの) 따돌림 당하는 사람

「向こうにいけ!! ぶさいく。」

「気持ち悪いな、こっちに来るな!!」

みにくいあひるの子は、泣きながらお母さんあひるの所に行きました。

しかし、お母さんあひるまでもみにくいあひるの子を避けるようになりました[2]。

理由はただ一つ、他の子供達とは見た目が違うからです。

みにくいあひるの子は毎日が悲しくてたまりませんでした。

‘もう、こんな所にはいたくない。’

みにくいあひるの子は家を出る事に決めました[3]。

そして、田舎の方に向かって歩き始めました。

歩いている途中、ある湖に着きました。そして水を飲もうと湖の方に近寄った時、水面に映った自分の姿が見えました。

- ぶさいく 못생김
- 田舎(いなか) 시골
- 近寄(ちかよ)る 다가가다
- 映(うつ)る 비치다
- 避(さ)ける 피하다
- 湖(みずうみ) 호수
- 水面(すいめん) 수면

「あぁ、神様はひどいや。どうしてぼくだけこんな姿で生まれたんだ?」

あひるの子供は泣きました。

秋が過ぎ、冬がやって来ました。

みにくいあひるの子は、とある一軒の家に着きました。

中をのぞいてみると、おばあさんが座っているのが見えました。その横には、鶏と猫が一匹いました。

あひるの子はドアをノックしました。

家の中はとても暖かく、おばあさんは快く迎え入れてくれました。

しかし、ここにも長くいることはできませんでした。

単語

- **神様(かみさま)** 하나님
- **とある** 어떤
- **のぞく** 엿보다
- **快(こころよ)く** 기꺼이
- **ひどい** 심하다
- **~軒(けん)** ~채
- **ノックする** 노크하다
- **迎(むか)え入(い)れる** 맞아들이다

一緒に住む鶏と猫があひるの子に仕事をさせようとしても、何一つ満足に出来なかったのです。申し訳なく思ったあひるの子はおばあさんの家を出る事に決めました。

「みなさん、さようなら。」

みにくいあひるの子は、また一人ぼっちになってしまいました。

寒い日の事でした。

歩き続けたあひるの子は疲れ切って、とうとう倒れてしまいました。

そしてそのまま意識を失ってしまいました。

- させる 시키다
- ぼっち 오직 ~뿐
- 倒(たお)れる 쓰러지다
- 失(うしな)う 잃다
- 満足(まんぞく)に 만족스럽게
- 疲(つか)れ切(き)る 지쳐 빠지다
- 意識(いしき) 의식

どのくらい意識を失っていたのでしょうか。

あひるの子が意識を取りもどすと、ある一軒の家の中にいました。

倒れていたあひるの子をその家の主人が助けたのでした。

すっかり元気になったあひるの子は一人で歩けるようにまでなりました。

しかし、その日からその家の子供達のいたずらが始まりました。

ある日は羽を抜かれ、ある日は追いかけられ…

単語

- 取(と)りもどす 되찾다
- 助(たす)ける 구하다
- いたずら 장난
- 抜(ぬ)かれる 뽑히다
- 主人(しゅじん) 주인
- すっかり 완전히
- 羽(はね) 털
- 追(お)いかけられる 쫓기다

あひるの子はこの家も出る事にしました。

‘助けていただいてありがとうございました。’

外はすっかり暖かい春になっていました。

一日が過ぎ、一週間が過ぎ、一ケ月が過ぎました。

あひるの子はすくすくと成長しました。

ある日の事です。

のどがかわいたあひるの子は湖の近くに行きました。

するとどうでしょう。

水面には真っ白のきれいな鳥が映っているではありませんか。

あひるの子は目をこすりました。

「えっ、これがぼく?」

· すっかり 완전히
· 成長(せいちょう) 성장
· のどがかわく 목 마르다
· 目(め)をこする 눈을 비비다

そうです。

成長したみにくいあひるの子は、どの鳥よりもきれいな白鳥になっていたのです。

もはやみにくいあひるの子ではありません[4]。

「うわ、あの白鳥きれいだね。」

子供達がある一匹の白鳥を指しながら言っていました。

その先には、あのみにくいあひるの子がいました。

単語

· 白鳥(はくちょう) 백조

· ～匹(ひき) ~마리

· 指(さ)す 가리키다

문형연습

1　～さ　~함, ~느낌

형용사에 붙어 명사를 만든다.

·お母(かあ)さんあひるはそのみにくさに心(こころ)が痛(いた)みました。

엄마 오리는 그 미운 얼굴 때문에 마음이 아팠습니다.

·彼女(かのじょ)の美(うつく)しさには何(なに)かしら惹(ひ)かれるものがある。

그녀의 아름다움에는 무엇인가 이끌리는 것이 있다.

2　～ようになる　~하게 되다

상태의 변화를 나타낸다.

·お母(かあ)さんあひるまでもみにくいあひるの子(こ)を避(さ)けるようになりました。

엄마 오리마저 미운 아기 오리를 피하게 되었습니다.

·嫌(きら)いだった牛乳(ぎゅうにゅう)が飲(の)めるようになった。

싫어하던 우유를 먹을 수 있게 되었다.

3　～する事に決める(決意する)　~하기로 결심하다

·みにくいあひるの子(こ)は家(いえ)を出(で)る事(こと)に決(き)めました。

미운 아기 오리는 집을 떠나기로 결심했습니다.

·来年(らいねん)からアメリカに留学(りゅうがく)する事(こと)に決(き)めた。

내년부터 미국에 유학하기로 했다.

4 もはや～ない 이제는 ~(부정형)

「もはや」는 「もう」보다 좀더 딱딱한 표현.

· もはやみにくいあひるの子(こ)ではありません。

이제는 미운 아기 오리가 아닙니다.

· 便利(べんり)な世(よ)の中(なか)に慣(な)れてしまい、もはや洗濯機(せんたくき)や掃除機(そうじき)なしの生活(せいかつ)は考(かんが)えられない。

편리한 세상에 익숙해서 이젠 세탁기나 청소기 없는 생활은 생각할 수 없다.

5 慣用句 관용구

① たまごをあたためる　알을 품다

② 夜(よ)が明(あ)ける　날이 새다

③ ピクリともしない　꼼짝도 하지 않다

④ ほっとする　안도하다

⑤ 意識(いしき)をうしなう　정신을 잃다

⑥ 意識(いしき)を取(と)りもどす　정신을 차리다

⑦ のけものにされる　따돌림을 당하다

⑧ 目(め)をこする　눈을 비비다

함께 이야기해 봐요

1. 一番最後に生まれたあひるの子の姿は、他の子供達と比べてどうでしたか。

2. あひるの子はなぜ他の子供達からいじめられたのですか。

3. あひるの子はなぜおばあさんの家を出る決心をしたのですか。

4. 内容と合っているものには○、そうでないものには×をチェックしなさい。

❶ みにくいあひるの子は一番最後に生まれた。（　　）

❷ お母さんあひるだけは、みにくいあひるの子を愛してくれた。（　　）

❸ おばあさんの家でも猫と鶏にいじめられた。（　　）

❹ あひるの子は大きくなってもみにくいままだった。（　　）

❺ あひるの子は実は白鳥だった。（　　）

「人間と神様」

사람과 신

신이 동물을 만들었을 때, 그들에게 각각 힘·속도·날개 등을 나누어 주었습니다. 이것을 본 인간이 신이 있는 곳으로 올라가서 신에게 따졌습니다.

"저에게는 그냥 몸만 주시고, 다른 능력은 아무것도 안 주시는군요." 라고 말하자 신은 이렇게 말했습니다.

"특별히 너에게만 준 것을 아직도 모르는 모양이구나. 가장 좋은 것을 주었는데 말이다. 네가 가지고 있는 '이성(理性)'이라는 것은 신에게도 인간에게도 힘이 되는 것이며, 어느 강자보다도 강한 것이다."

그제서야 인간은 신이 내려주신 능력을 깨닫고 깊이 감사하며 내려갔습니다.

어떤 사람이든 남보다 뛰어난 것이 꼭 있습니다. 그러나 사람이라는 것은 자기자신에게 주어진 능력을 알아채지 못하고 남만 부러워하기 마련이지요.

자기 능력을 재빨리 알아채고 최대한으로 살리려면 무엇보다 먼저 자기자신을 사랑하고 돌보아야 합니다. 자신만이 가진 능력이 무엇인지 한번 생각해 보세요.

11 賢者の贈り物

ある寒い冬の日でした。

身を切るような冷たい風が吹いている中、ニューヨークのとある家の煙突からはモクモクと煙が出ていました。

この家には、若い夫婦が住んでいました。

夫の名前はジェームス、妻の名前はデラでした。

暮らしは決して裕福だとは言えませんでしたが[1]、二人は幸せに暮らしていました。

単語

- 賢者(けんじゃ) 현자, 현인
- 贈(おく)り物(もの) 선물
- 身(み)を切(き)るような 살을 에는 듯한
- とある 어떤, 어느
- 煙突(えんとつ) 굴뚝
- 煙(けむり) 연기
- 裕福(ゆうふく)だ 유복하다

11

高い服や美味しい食べ物がなくても、ジェームスはデラがいさえすれば心が温かくなり、デラも同様に、ジェームスさえいれば何も望むものはなかったからです。

今日もジェームスは、愛する妻の髪の毛をなでながら幸せな時間を過ごしていました。デラの髪は美しい金色で、やわらかく、とても魅力的な髪でした。ジェームスは、妻デラの髪をじっと見つめながら言いました。

「この世の中にデラより美しい髪の毛を持った人はいないだろう…。」

そして、デラの髪に軽くキスをしました。

デラは、とても幸せそうな顔でジェームスを見つめました。ジェームスは、そんなデラをさもいとおしそうに[2]、ギュッと抱きしめました。

・なでる 쓰다듬다

・魅力的(みりょくてき)だ 매력적이다

・さも 참으로, 아주, 실로　　・いとおしい 사랑스럽다

・抱(だ)きしめる 꼭 껴안다

ある日の事です。

デラは、ニューヨークの繁華街にある一軒の時計屋の前で、ショーウィンドウに並んでいる時計を見ていました。今度のクリスマスに、夫に新しい時計のチェーンをプレゼントしたかったからです。ジェームスには、祖父から譲り受けた金時計が一つありました。デラはその金時計をこの世で一番大切なものだと考えていました。

デラは、その時計屋のショーウィンドウに並べられているプラチナのチェーンを見つめていました。上品で、とても洗練されたそのプラチナのチェーンは、ジェームスの持っている金時計にとてもよく合いそうでした。

単語

- ·繁華街(はんかがい) 번화가
- ·時計屋(とけいや) 시계점
- ·ショーウィンドウ 쇼윈도
- ·チェーイン 줄, 체인
- ·祖父(そふ) 할아버지
- ·譲(ゆず)り受(う)ける 물려받다
- ·プラチナ 백금
- ·上品(じょうひん)だ 고급스럽다

「あぁ、このチェーンをジェームスにプレゼントできたなら…」

デラはそう考えるたびに、胸がときめきました。

「もし、このチェーンをプレゼントしたら、ジェームスはどんなに喜ぶだろう[3]。」

デラの頭の中で、ジェームスの金時計につるされたプラチナのチェーンが輝いていました。

デラは店に入り、プラチナのチェーンがいくらなのか、時計屋の店主にたずねてみました。

21ドルでした。

その日からデラは、少しずつお金を貯め始めました。市場に行っては少しでも安く値切って買い物をしました。

- 洗練(せんれん)された 세련되다
- ときめく (가슴이) 두근거리다
- 店主(てんしゅ) 가게 주인
- 値切(ねぎ)る 값을 깎다
- 合(あ)う 어울리다
- 輝(かがや)く 빛이 나다
- ドル 달러

そうして、クリスマスの朝を迎えました。

デラは、愛するジェームスが仕事に行っている間に、これまで貯めてきたお金を数えることにしました。貯金箱はずっしりと重く、1セントの小銭があふれるように[4]出て来ました。しかし、お金を数え始めたデラの顔はだんだん暗くなりました。デラの努力のかいもなく、お金はぜんぜん足りなかったのです。そのお金ではプラチナのチェーンを買うことはとうてい[5]無理でした。

デラはあまりの悲しさに泣いてしまいました。何もない家の中に、デラの泣き声だけが響いていました。

その時でした。

デラは何かを決心したようにすっと立ちあがり、ハサミを手にしました。自分の髪の毛を売って、ジェームスのためにプラチナのチェーンを買うことにしたのです。

単語

- 貯金箱(ちょきんばこ) 저금통
- ずっしりと重(おも)い 묵직하다
- 小銭(こぜに) 동전
- あふれる 넘치다
- 泣(な)き声(ごえ) 울음소리
- 響(ひび)く 울려퍼지다

ハサミを持ったデラの手はふるえました。

「この世の中にデラより美しい髪を持った人はいないだろう…。」

そう言いながら髪をなでているジェームスの姿が思い出されるのでした。

しかし、デラの決意はかたいものでした。

「バサッ、バサッ。」

デラの髪の毛は、まるで滝のように落ちました。デラは切り落とした髪の毛を包んで、かつら屋に行きました。そして、髪の毛を売ったお金を持って時計屋に行きました。

- 決心(けっしん)する 마음 먹다, 결심하다
- ハサミ 가위
- ふるえる 떨리다
- 決意(けつい) 결의, 결심
- 滝(たき) 폭포
- 包(つつ)む 싸다, 포장하다
- かつら屋(や) 가발 가게

まもなくして、家に帰ってきたデラの手には、プラチナのチェーンが大事そうに抱えられていました。

しかし、デラの心はどこか寂しいものがありました。

クリスマスパーティーの準備がされた食卓の上には、ワインとパンとバターが用意されていました。

デラは鏡の前にいき、短くなった髪をきれいに整えました。ジェームスが、短い髪の毛も気に入ってくれることを願いながら…。

その時、階段をのぼる足音が聞こえました。そして、玄関のドアが開きました。

「メリークリスマス デラ!!」

と言いながら入ってきたジェームスは、髪が短くなったデラの姿を見て、驚きのあまり動くことができませんでした。

単語

- ワイン 와인
- パン 빵
- バター 버터
- 整(ととの)える 단정하게 하다
- 階段(かいだん) 계단
- 足音(あしおと) 발 소리
- 玄関(げんかん) 현관

デラは、そんなジェームスの姿を見て、何も言えませんでした。

まもなくしてデラは、ジェームスに抱きつき、

「そんな目で見ないで、今日は楽しいクリスマスなのよ。」

と言いました。

そして、ジェームスのために買ったプラチナのチェーンを差し出しました。

「私、あなたのクリスマスプレゼントに、どうしてもこのチェーンが買いたかったの。だから…。」

するとジェームスが沈んだ声で言いました。

- まもなくして　얼마 안 가서
- 抱(だ)きつく　껴안다
- 差(さ)し出(だ)す　내놓다
- どうしても　어떻게 해서든, 꼭
- 沈(しず)む　침울해지다, 가라앉다

「じゃあ、このチェーンを買うために髪の毛を切ったということか…。」

ジェームスの表情は暗くなりました。

そして、ポケットから包みを取り出して、デラに渡しました。包みの中には、きれいなくしが入っていました。

今は消えてしまった、デラのきれいな髪にぴったりのくしでした。

ジェームスが悲しそうに言いました。

「デラ、ごめんな。デラのためにこのくしを買おうと、今日金時計を売ってしまったんだ。」

デラの目から大粒の涙があふれ落ちました。

単語

- ポケット 주머니
- くし (머리)빗
- 涙(なみだ) 눈물
- 包(つつ)み 보따리, 꾸러미
- 大粒(おおつぶ) 굵은 방울
- あふれる 넘치다

ジェームスは、デラをぎゅっと抱(だ)きしめました。

食卓(しょくたく)の上(うえ)には、今(いま)となっては使(つか)い道(みち)のない2人(ふたり)のプレゼントだけが置(お)かれていました。

―時計(とけい)のないチェーン、そしてとく髪(かみ)のないくし。―

しかし、二人(ふたり)は知(し)っていました。

それがこの世(よ)で一番美(いちばんうつく)しく、愛(あい)のこもったプレゼントだという事(こと)を。

ジェームスはデラの涙(すみだ)をふいてあげました。

家(いえ)の外(そと)では真(ま)っ白(しろ)い雪(ゆき)が降(ふ)っていました。

・使(つか)い道(みち) 쓸모
・ふく 닦다
・雪(ゆき) 눈
・とく 빗다
・真(ま)っ白(しろ)い 새하얗다

1 決して～(부정형)だが ～ 결코 ~지 않지만 ~

「決して」는 부정이나 금지를 나타내는 말과 같이 쓰는 경우가 많다.

· 暮(く)らしは決(はっ)して裕福(ゆうふく)だとは言(い)えませんでしたが、二人(ふたり)は幸(しあわ)せに暮(く)らしていました。

생활은 결코 풍요롭다고는 할 수 없었지만, 두 사람은 행복하게 살고 있었습니다.

· 彼女(かのじょ)は決(けっ)して美人(びじん)ではないが、とても魅力(みりょく)のある人(ひと)だ。

그녀는 결코 미인은 아니지만, 아주 매력이 있는 사람이다.

2 ～そうだ ~할 것 같다

화자가 듣거나 본 것에 의한 판단을 나타낸다. 감각, 감정을 나타내는 형용사에 붙으면 '그런 상태'라는 뜻이 된다.

· ジェームスは、そんなデラをさもいとおしそうに、ギュッと抱(だ)きしめました。

제임스는 그런 델라를 참으로 사랑스러운 듯 꽉 껴안았습니다.

· 上品(じょうひん)で、とても洗練(せんれん)されたそのプラチナのチェーンは、ジェームスの持(も)っている金時計(きんどけい)にとてもよく合(あ)いそうでした。

고급스러우면서도 아주 세련된 그 백금줄은 제임스가 갖고 있는 금시계와 아주 잘 어울릴 것 같았습니다.

· 空(そら)は真(ま)っ暗(くら)で、今(いま)にも雨(あめ)が降(ふ)り出(だ)しそうでした。

하늘은 캄캄하고, 금방 비가 쏟아질 것 같았습니다.

3　もし ~たら ~だろう　만약 ~하면 ~일 것이다

「もし~たら」는 가정표현이므로 뒤에는 아직 일어나지 않은 일이 온다.

・もし、このチェーンをプレゼントしたら、ジェームスはどんなに喜(よろこ)ぶだろう。

만약 이 줄을 선물하면 제임스가 얼마나 기뻐할까?

・もし本当(ほんとう)のことを知(し)ったら、彼(かれ)はショックを受(う)けるだろう。

만약 진실을 알게 된다면, 그는 충격을 받겠지.

4　~ように　~듯이

~처럼, ~같이. 앞에는 '마치(まるで)'가 오기도 한다.

・貯金箱(ちょきんばこ)はずっしりと重(おも)く、1セントの小銭(こぜに)があふれるように出(で)て来(き)ました。

저금통은 묵직하고 1센트짜리 동전이 쏟아질 듯이 나왔습니다.

・その子(こ)は、ありがとうと言(い)うようにぺこりとおじぎをして走(はし)っていった。

그 아이는 고맙다는 듯 꾸벅 인사를 하고 뛰어갔다.

5　その ~では、とうてい~　그 ~(으)로는 도저히 ~

・そのお金(かね)ではプラチナのチェーンを買(か)うことはとうてい無理(むり)でした。

그 돈으로 백금줄을 사기란 도저히 무리였습니다.

・その体重(たいじゅう)では、相撲取(すもうと)りになるのはとうてい無理(むり)だ。

그 몸무게로는 스모선수가 되는 것은 도저히 무리다.

함께 이야기해 봐요

1. ジェームスは、デラの何を自慢に思っていましたか。

2. デラは、ジェームスへのクリスマスプレゼントとして、何を買うことにしましたか。

3. クリスマスの朝、デラはジェームスへのプレゼントを買うために何をしましたか。

4. プレゼントをもらったジェームスが悲しかった一番の理由は何ですか。

❶ 大事に思っていたデラの髪の毛が短くなっていたため。
❷ 食卓に、ワインとパンとバターしかなかったため。
❸ デラが時計のチェーンをプレゼントしてくれたのに、肝心の時計を売ってしまったため。

5. ジェームスは、デラのために何を準備していましたか。

부록

번역과 정답

1. 북풍과 태양

본문번역

p.8 하늘 위에 북풍과 태양이 살고 있었습니다.

어느 날 북풍이 뽐내며 말했습니다.

"내가 한 번 후~ 하고 불면 아무리 크고 튼튼한 집도 날아가 버린다구."

그 말을 들은 태양은 크게 웃으며 말했습니다.

"하하하… 그냥 힘만 세서는 아무 이익이 안돼. 그 힘을 어떻게 쓰느

p.9 냐가 중요한 거야. 하하하…"

태양의 말을 들은 북풍은 너무 억울했습니다.

마침 그 때 어떤 나그네가 그들의 밑을 지나가려던 참이었습니다.

그것을 본 태양이 북풍을 향해 말했습니다.

"그렇게 자기의 힘에 자신을 갖고 있다면 간단한 힘 겨루기를 하지 않을래?"

태양이 이어서 말했습니다.

"저 나그네의 코트를 먼저 벗기는 사람이 이기는 거야."

'하하하하. 코트를 벗기는 정도야 누워서 떡 먹기지.'

북풍은 자신만만하게 대답하였습니다.

p.10 그리고 북풍은 나그네 쪽으로 다가가서 힘껏 바람을 보냈습니다.

"뭐야? 갑자기 바람이 세졌잖아."

나그네는 몸을 웅크리고 코트를 꽉 잡았습니다.

그것을 본 북풍은

"흥, 이래도 벗지 않을래."

하면서 더욱 힘을 주어 바람을 보냈습니다.

"아이구, 추워라. 웬 바람이 이렇게 세지?"

p.11 바람이 불면 불수록 나그네는 코트가 벗겨지지 않도록 꽉 눌렀습니다.

그러다가 북풍은 힘이 빠져 버렸습니다.

부록

태양이 말했습니다.

"그럼, 이번은 내 차례다."

그리고 나그네를 향해 따뜻한 햇살을 내리쬐었습니다.

"왠지 이번에는 따뜻해진 것 같군. 오늘은 정말 날씨가 이상하네." 태양은 점점 햇살을 세게 했습니다.

"아이구 더워라. 더 이상 못 참겠다."

p.12 드디어 나그네는 발걸음을 멈추고 코트를 벗었습니다.

"코트를 벗어도 아직 덥군."

나그네는 코트뿐만 아니라 몸에 걸치고 있던 옷을 죄다 벗어 버렸습니다.

태양은 북풍을 보고 말했습니다.

“북풍아, 힘이 세다고 뽐내기만 하면 뭐하니?”

태양의 말을 들은 북풍은 자신이 부끄러워졌습니다.

p.16 모범답안

❶ 自分が一吹きすると、どんなに大きくてじょうぶな家も吹き飛んでしまうということ。

❷ 旅人のコートをどちらが先に脱がせられるか競争する。

❸ 強い風で旅人のコートを脱がせようとしたが、出来なかった。

❹ 強い日ざしを照りつけて、コートを脱がせた。

❺ ① 力が強いことを自慢して、その力をむやみに使ったり、物事を力で解決するような事はしてはいけない。

2. 토끼와 거북이

본문번역

p.18 옛날 옛날 자기 발이 제일 빠르다고 뽐내는 토끼가 있었습니다.

어느 날이었습니다. 길을 걷고 있던 토끼는 거북이를 만났습니다.

"야, 거북아. 너는 왜 그렇게 느리니?"

그 말을 들은 거북이는 화가 나서 이렇게 말했습니다.

p.19 "나와 달리기를 해 본 적도 없으면서 어째서 그런 말을 하는 거냐!!"

거북이의 말을 들은 토끼는 웃으며 말했습니다.

"하하하. 그럼, 여기서 저 산 꼭대기까지 달리기 해 보자."

부록

"준비, 시작 !!"

여우의 신호로 토끼와 거북이의 달리기가 시작되었습니다.

시작하자마자 토끼는 굉장한 속도로 달리기 시작했습니다.

눈 깜짝할 사이에 토끼는 안 보이게 되었습니다.

결승점에 가까운 데까지 온 토끼는 한 번 뒤를 돌아보았습니다. 하지만 거북이의 모습는 안 보입니다.

'역시 느린 놈이군. 잠깐 낮잠이나 자면서 기다려 볼까.'

토끼는 나무 그늘에서 낮잠을 자기 시작했습니다.

p.20 토끼가 잠이 깼을 때 주위는 벌써 해가 질 무렵이었습니다.

'앗, 늦잠을 잔 것 같군.'

토끼는 산기슭 쪽을 보았습니다. 그러나 거북이의 모습은 아직 안 보였습니다.

'거북이 녀석, 아직 못 오고 있군. 정말 느린 놈이다.'

토끼는 먼저 산 꼭대기에 가서 거북이가 올라오는 것을 기다려 볼까 하고 결승점까지 서둘렀습니다.

p.21 그러자 이게 무슨 일일까요?

결승점에서 거북이가 손을 흔들고 있는 것이 아니겠어요?

'거북이가 어떻게 여기에….'

그렇습니다. 거북이는 토끼가 자는 사이에 먼저 도달한 것입니다.

결국 토끼는 지고 말았습니다. 그 후로 토끼는 발이 빠르다는 것을 자랑하지 않게 되었다고 합니다.

p.24

모범답안

❶ 足(あし)が速(はや)いこと。

❷ 木陰(こかげ)で昼寝(ひるね)をした。

❸ カメ

❹ ウサギが途中(とちゅう)で昼寝(ひるね)をしたから。

❺ ② 能力(のうりょく)が高(たか)いからといって何(なん)の努力(どりょく)もしないでいてはいけない。

부록

3. 황금알을 낳는 거위

모범답안

p.26 어느 작은 마을에 가난하지만 사이좋게 지내는 할아버지와 할머니가 있었습니다.

어느날 할아버지는 동네에서 거위 한 마리를 사 왔습니다.

다음 날 아침이 되었습니다.

두 사람이 일어나 보니 거위가 알을 하나 낳아 놓았습니다.

p.27 놀랍게도 반짝반짝 빛나는 황금알이었습니다.

그 때부터 거위는 매일매일 황금알을 하나씩 낳았습니다.

황금알 덕분에 할아버지와 할머니의 형편은 점점 나아졌습니다.

그러나 두 사람의 마음은 날마다 돈 생각으로 가득해져 갔습니다.

어느 날, 할아버지가 말했습니다.

"거위가 하루에 하나씩밖에 황금알을 안 낳는데, 부자가 될 리가 없지."

그러자 할머니도

"그러게 말이유. 황금알을 한꺼번에 많이 낳아 주면 고맙겠는데."

라고 말했습니다.

p.28 그러던 어느 날이었습니다. 할머니가 큰 소리로 할아버지를 불렀습니다.

"영감! 영감! 좋은 생각이 있어요."

할머니는 이어서 말했습니다.

"거위 배를 잘라 봅시다. 하루에 하나씩 황금알을 낳으니 뱃속은 황금알로 꽉 차 있을 거 아니유."

할아버지의 얼굴이 확 밝아졌습니다.

"그래. 뱃속에는 아마 …."

p.29 당장 두 사람은 거위의 배를 잘라 봤습니다.

— 이제 큰 부자가 될 수 있어 —

그러나 어떻게 된 일일까요?

거위 뱃속에는 황금알이라곤 그림자조차 없었습니다.

"부자가 …"

할아버지와 할머니는 힘이 빠져서 그 자리에 그만 주저앉고 말았습니다.

물론 배가 잘린 거위는 죽고 말았습니다.

p.32

모범답안

❶ 金のたまご

❷ 金のたまごを一日に一個しか生まないこと。

❸ がちょうのお腹を切ってみること。

❹ がちょうのお腹の中には金のたまごのかけらすらなく、がちょうは死んでしまった。

❺ ③ 今持っているものに満足して、むやみに欲張らないようにしなければならない。

4. 양치기와 늑대

본문번역

p.34 어느 맑은 날이었습니다.

언덕 위에서 양을 지켜보는 양치기 소년이 있었습니다.

소년은 매우 심심해 하고 있었습니다.

'휴~ 맨날 양이나 보고 있고 재미없네. 뭐 재미있는 일이 없을까?'

그러면서 풀잎피리를 불고 있었습니다.

p.35 그 때, 소년의 머리 속에 좋은 생각이 떠올랐습니다.

'만약 늑대가 나타났다고 소리를 지르면, 마을 사람들이 깜짝 놀라서 여기까지 달려오겠지.'

양치기 소년은 생각만 해도 너무 재미있었습니다.

"큰일 났어요!! 늑대예요!!"

양치기 소년은 큰 소리로 외쳤습니다.

소년의 목소리를 들은 마을 사람들은 놀라서 소년이 있는 언덕 위까지 달려왔습니다.

"늑대는 어디 있냐? 어디에 있니?"

그러자 양치기 소년은 웃으며 말했습니다.

"거짓말이에요. 그냥 소리 질러 봤을 뿐이에요."

p.36 소년의 거짓말임을 알게 된 마을 사람들은

"그런 거짓말을 하고 어른들을 놀리다니…"

하고 화를 내며 마을 쪽으로 내려갔습니다.

양치기 소년은 너무 우스워 견딜 수가 없었습니다.

다음 날도 평소대로 양을 보고 있던 소년은 심심해졌습니다.

'어제처럼 좀 놀아 볼까?'

그리고 마을 쪽을 향해서 큰 소리로 외쳤습니다.

p.37 "큰일 났어요!! 늑대예요!! 살려 주세요!!"

소년의 소리를 들은 마을 사람들은 언덕까지 달려왔습니다.

"늑대는 어디 있냐?"

그러자 양치기 소년은 웃으며 말했습니다.

"거짓말이에요. 그냥 장난이에요. 또 속으셨군요."

그 소리를 들은 마을 사람들은 화를 냈습니다.

"또 거짓말이야? 이 거짓말쟁이가!!"

p.38 셋째 날이 되었습니다.

양치기 소년이 평소대로 양을 보고 있었을 때의 일이었습니다.

소년의 눈 앞에 진짜 늑대가 나타난 것입니다.

놀란 소년은 마을 쪽을 향해서 소리를 질렀습니다.

“큰일났어요!! 늑대예요. 살려 주세요!!”

그러나 마을 사람들은 이젠 소년을 믿으려고 하지 않았습니다.

“저 거짓말쟁이!! 또 거짓말임에 틀림없어. 다시는 안 속을 거야.”

라며, 언덕에 가는 사람은 하나도 없었습니다.

소년이 아무리 “살려 주세요!!” 하고 소리를 질러 봤자 소용이 없었습니다.

p.39 그런데, 소년과 양들은 어떻게 되었을까요?

양들은 모두 늑대에 잡아먹히고 말았습니다.

소년은 지금까지 자신이 한 일을 후회하며 울고 있었답니다.

p.42 모범답안

① おおかみが出(で)たとうそをついて村人(むらびと)たちをびっくりさせること。

② 驚(おどろ)いて丘(おか)まで来(き)た。

③ 本物(ほんもの)のおおかみ

④ きっとまたうそに違(ちが)いないと考(かんが)えて、無視(むし)した。

⑤ ② うそをついてばかりいると、人(ひと)から信用(しんよう)されなくなる。

5. 자비로운 농부

본문번역

p.44 옛날 남 돕기를 좋아하는 자비로운 농부가 있었습니다.

이 농부는 부모님이 남겨 주신 재산이 많이 있었습니다.

그러나 이 재산의 절반을 남을 돕는 데 쓰거나 학교에 기부하거나 했습니다.

그런 어느 날, 농부의 마을에 태풍이 왔습니다.

농부의 밭은 완전히 쑥대밭이 되었습니다.

p.45 "나에겐 가축이 있어서 다행이지만, 마을 사람들은 앞으로 어떻게 살아갈 것인가…."

농부는 자기 밭이 쓸모없게 되었는데도 먼저 마을 사람들을 걱정했습니다.

며칠 후, 갑자기 마을에 돌풍이 불었습니다.

농부네 가축은 날아온 돌에 맞아 죽어 버렸습니다.

농부의 아내가 울면서 말했습니다.

"어떡해요. 가축들이 모두 죽어 버렸어요."

그러자 농부가 말했습니다.

"우리에겐 땅이 남아 있지 않소. 걱정하지 않아도 돼요."

p.46 그러나 그 땅도 바로 뺏기고 맙니다.

농부에게 돈을 빌려준 사람이 돈을 당장 갚을 수 없다면 대신에 땅을 넘기라고 했기 때문입니다.

"우리 이제 빈털터리가 되었네요."

농부의 아내는 쓰러져 통곡했습니다.

그 후 농부와 그 가족은 가난하게 살 수밖에 없었습니다.

그러던 어느 날이었습니다.

농부의 소식을 들은 랍비들이 농부를 찾아왔습니다.

농부는 랍비들을 반갑게 맞았습니다.

p.47 "어서 오세요. 근데 이를 어쩌죠? 드릴 게 거의 없는데…."

그 말을 들은 랍비들은,

"아뇨, 무슨 말씀을…. 뭔가 도와 드릴 수 있으면 좋은데, 우리도 이런 형편이라 미안하기 짝이 없습니다."

라고 말했습니다.

그 때 고개를 숙이고 있던 농부가 벌떡 일어나더니 뭔가를 가져 왔습니다.

"약소하지만 이거라도 드리고 싶습니다."

농부가 가지고 온 것은 작은 꾸러미였습니다.

안에는 돈이 들어 있었습니다.

"남은 밭의 반을 팔았습니다. 이 돈은 학교를 위해 써 주세요."

p.48 랍비들은 농부에게 깊이 감사를 하고 돌아갔습니다.

이제 농부에게는 반 구획의 밭밖에 남아 있지 않았습니다.

농부는 밭만이라도 열심히 갈아서 살아야겠다고 생각하고, 옆집에서 소 한 마리를 빌려 와서, 밭으로 향했습니다.

그런데, 이게 어떻게 된 일일까요?

밭 한 가운데서 소가 풀썩 쓰러진 것이었습니다.

"내가 너무 무리하게 일을 시킨 것 같구나."

농부는 소의 머리를 쓰다듬으며 눈물을 흘렸습니다.

그 때였습니다.

농부의 눈 앞에 뭔가 반짝이는 것이 보였습니다.

자세히 보니 그것은 커다란 보석이었습니다.

농부는 그 보석을 팔아 다시 부자가 되었습니다.

큰 집으로 이사도 했습니다.

p.49 농부가 어떻게 지내는지 걱정이 되어 찾아온 랍비들은 깜짝 놀랐습니다.

"당신의 행복한 모습을 뵈어서 너무 기쁩니다."

농부는 랍비들의 손을 잡고 이렇게 말했습니다.

"저도 이제야 알았습니다. 좋은 일을 한 만큼 자신에게 다시 돌아온다는 것을요."

그렇게 해서 농부는 오래오래 행복하게 살았습니다.

p.52 모범답안

❶ 人助けに使ったり、学校に寄附したりした。

❷ 残った畑の半分を売ったお金

❸ 大きな宝石。そして、またお金持ちになった。

❹ 良い事をした分、それが自分に返ってくるという事。

❺ ①「お金がたくさんある = 人を助けることが出来る」のではない。
一番大切なのは、自分より大変な人々を、第一に考えてやる心である。

6. 현명한 아들

본문번역

p.54 한 나그네가 여행을 하다가 그만 병에 걸리고 말았습니다.

그 나그네의 몸은 날이 갈수록 나빠지기만 할 뿐 나을 징조가 보이지 않았습니다.

어느 날, 나그네는 여관 주인을 불러서 이렇게 말했습니다.

"고향에 있는 제 아들을 불러 주세요. 그리고 아들에게 저의 전재산을 물려 주세요. 단 하나 조건이 있습니다.

p.55 아들에게 세 번의 시험을 주세요. 그리고 그 세 번의 시험에서 아들이 도리에 맞는 현명한 행동을 하거든 그 때 재산을 주시기 바랍니다."

그렇게 말하고 나그네는 숨을 거두었습니다.

여관 주인은 나그네의 아들에게 부친의 죽음을 알려 주기 위해 전보를 쳤습니다.

거기에는 여관 이름은 쓰지 않고 마을 이름만 썼습니다.

한편 전보를 받은 아들은 황급히 집을 나섰습니다.

그리고 나서 여관이 있는 마을까지 오자 그 옆을 막 지나가는 짐꾼 사내에게 이렇게 물었습니다.

p.56 "얼마 전에 이 마을에 있는 어떤 여관에서 사람이 죽었다고 하던데, 그 여관이 어디입니까?"

그러자 짐꾼이 대답하였습니다.

"마침 그 여관 쪽으로 가는 길이니 안내해 드리지요. 어서 마차를 타세요."

그리하여 아들은 짐꾼의 마차를 타고 여관에 도착했습니다.

즉 첫 번째 시험을 넘긴 셈입니다.

p.57 아들이 여관에 당도했을 때는 이미 날이 저물어가고 있었습니다.

여관 주인은 저녁 식사로 닭 다섯 마리를 차렸습니다.

그러나 주인 가족까지 합하면 모두 일곱 명이 됩니다.

저녁 식사로 나온 닭은 다섯 마리인데, 먹을 사람은 일곱 명, 이것 참 난처한 일입니다.

그러자 주인은 아들에게 말했습니다.

"이 닭을 공평하게 나눠 보게."

그러면서 주인은 닭을 아들에게 건네 주었습니다.

아들은 차분한 표정으로 잠시 생각을 하더니 다음과 같은 행동을 하였습니다.

여관 주인의 두 아들에게 닭 한 마리를.

두 딸에게도 닭 한 마리를.

p.58 주인 부부에게도 닭 한 마리를.

그리고 자기 접시에는 닭 두 마리를 놓았습니다.

그러자 주인이 화가 나서 이렇게 말했습니다.

"이렇게 불공평하게 나누는 법이 어디 있겠나."

그러자 아들이 말했습니다.

"당신의 두 아드님과 닭을 합하면 '셋'이 됩니다. 마찬가지로 두 따님과 닭을 합해도 '셋', 주인 어른 부부와 닭을 합해도 '셋'이 됩니다."

아들은 이어서 말했습니다.

"잘 보십시오. 저와 닭을 합해도 '셋'이 됩니다. 이렇게 공평한 방법이 어디 있겠습니까?"

그 말을 들은 주인은 아무말도 하지 못했습니다.

즉 두 번째 시험도 넘긴 셈이지요.

p.59 다음 날 아침이 되었습니다.

부엌에서는 맛있는 닭고기 냄새가 풍겨왔습니다.

아침식사 준비가 다 되었다고 해서 식당에 가 보니, 닭 한 마리가 식탁 위에 놓여 있었습니다.

"자, 이번에도 공평하게 나눠 보게."

주인이 말했습니다.

아들은 당황한 기색 하나 없이 잠시 생각하더니 다음과 같은 행동을 하였습니다.

p.60 먼저 닭 머리를 잘라서 주인 부부에게 주었습니다.

그 다음 날개 부분을 잘라서 두 딸에게 주었습니다.

두 다리는 두 아들 차지가 되었습니다.

그리고 몸통은 자기 접시에 담았습니다.

"뭐야? 이건 너무하군. 맛있는 몸통을 자기 혼자서 다 먹다니…."

주인이 말했습니다.

그러자 아들이 말했습니다.

"저는 당신들께 딱 어울리는 부분을 나눠 드린 겁니다. 먼저 주인
어른과 사모님은 이 집에서 제일 높은 분들이니 '머리'를, 그 다음 두
p.61 아드님께는 씩씩하게 뛰어다니며 오래오래 건강하게 사시길 바라며
'닭의 다리'를, 그리고 두 따님께는 곧 결혼을 해서 이 집을 떠나신다
는 뜻으로 '닭의 날개'를 드렸을 뿐입니다. 따라서 저는 아무에게도 관
계없는 '몸통'을 받았습니다."

그 말을 들은 주인은 아들의 현명한 판단에 고개를 끄덕였습니다.

이렇게 해서 아들은 세 번의 시험을 모두 다 넘겼습니다. 주인은 나그네 말대로 나그네의 모든 재산을 아들에게 주었다고 합니다.”

p.64

모범답안

❶ 村の名前だけで旅館を探し出すこと。

❷ 旅館の主人の二人の息子に一羽、二人の娘にも一羽、主人夫婦にも一羽、そして、自分には二羽。

❸ にわとりの頭を主人夫婦に、羽を二人の娘に、足を二人の息子に、そして、体は自分に。

❹ 主人夫婦はこの家の中で一番えらいので「頭」、

二人の息子は、男らしく走り回りながら永遠に健康でいるように「にわとりの足」。

娘は近いうちに結婚してこの家を発つということで「にわとりの羽」。

そして自分は残った「にわとりの体」。

❺ ③ どんなに困難な状況に出会わしても、あわてずに、落ちついて考える事が大切だ。そうする事によって、何かしら解決策は見えてくるものである。

7. 왕자님과의 만남

p.66 본문번역

여섯 살 때 원시림에 대하여 쓴 '진짜로 있었던 이야기'라는 책 안에 괴물 한 마리를 삼키려고 하는 '구렁이'의 그림을 본 적이 있습니다.

그 책에는 '구렁이'에 대하여 이렇게 쓰여 있었습니다.

- '구렁이'라는 것은 그 먹이를 씹지 않고 통째로 꿀떡 삼킨다. 그
p.67 러면 움직일 수 없게 되어 반년동안 잠이 드는데, 그 동안에 삼킨 괴물을 뱃속에서 소화시키는 것이다. —

곧바로 나는 구렁이 그림을 그렸습니다.

그리고 그 그림을 어른들에게 보여 주었습니다.

그러나 어른들은 그런 구렁이 그림은 그만 하고 지리나 역사나 산수 공부에 힘을 쓰라고 했습니다.

그 후 나는 그림 그리기를 그만뒀습니다.

나는 어쩔 수 없이 다른 직업을 골라서 비행기 조종을 배웠습니다. 그리고 온 세계를 날아다녔습니다.

참으로 지리는 내게 큰 도움이 되었습니다.

나는 그렇게 어른들 틈에서 살았습니다.

p.68 수많은 훌륭한 사람들과 질릴 정도로 가까워졌습니다.

그 중에서도 뭘 이해할 줄 아는 사람과 마주치면 나는 언제나 손 닿는 곳에 있던 '구렁이'그림을 보여 주었습니다.

그러나 그 사람들의 대답은 언제나 똑같은 것이었습니다.

그래서 나는 '구렁이' 그림도 '구렁이' 이야기도 그만두고 그 사람이 이해할 수 있는 것으로 이야기를 바꾸었습니다.

정치나 골프나 넥타이 이야기입니다.

그러자 그 어른들은 매우 만족하는 것이었습니다.

그런 이유로 6년 전 비행기가 사하라 사막에서 고장을 일으킬 때까지 털어놓고 이야기할 상대가 없었습니다.

p.69 근처에는 아무도 없었기 때문에 나는 어려운 수리를 혼자서 해냈습니다.

나에게는 죽느냐 사느냐 하던 때였습니다.

나는 사람이 사는 곳에서 천 마일이나 떨어진 사막에서 혼자서 잠이 들었습니다.

그런데 이게 어찌된 일일까요?

놀랍게도 해가 뜨자 작은 목소리가 들려 나는 눈을 떴습니다.

나는 깜짝 놀라서 눈을 떠 보니 아주 특이한 차림을 한 도련님이 나를 빤히 쳐다보고 있었습니다.

p.70 그리고 이렇게 말했습니다.

"양 그림을 그려 줘…."

나는 양을 그려 본 적이 없습니다.

그래서 구렁이 그림을 그렸습니다.

그러자 도련님이 이렇게 말했습니다.

"아냐!! 나는 구렁이 그림은 싫어. '구렁이'는 아주 위험한 놈이잖아? 그런 것 필요없어. 양을 그려 줘!!"

나는 어안이 벙벙했습니다. 지금까지 이렇게 이해력이 좋은 사람을 만나 본 적이 없었으니까요.

p.71 나는 양을 그렸습니다.

도련님은 그 그림을 가만히 보더니 이렇게 말했습니다.

"안돼! 이 양은 병에 걸려서 당장이라도 죽을 것 같잖아!!"

그래서 나는 다시 그림을 그렸습니다.

다시 그리고 또 다시 그려도 도련님은 마음에 안 드는 모양이었습니다.

나는 더 이상 참지 못하고 간단한 상자 그림을 그리고 이렇게 말했습니다.

"네가 원하는 양, 이 안에 있어."

그러자, 이게 웬일입니까?

도련님의 얼굴이 금새 환해진 것입니다.

"응, 이런 양이 갖고 싶었어. …어? 잠들었네, 이 양…."

이렇게 해서 나는 어린왕자와 알게 되었습니다.

p.72 왕자님이 도대체 어디서 왔는지 그것을 알게 되기까지는 많은 시간이 걸렸습니다.

그리고 겨우 중요한 것을 알게 되었습니다.

그것은 왕자님의 고향 별이 집만한 크기라는 것이었습니다.

그렇다 해도 나는 그다지 놀라지 않았습니다.

지구나 목성 등의 큰 별 이외도 수백 개나 되는 별이 있고, 그것이 망원경으로도 안 보일 정도로 작은 별이라는 것을 나는 잘 알고 있었기 때문입니다.

나는 왕자님의 고향 별은 소혹성 B-612라고 생각했습니다.

그 별은 1909년에 터키(튀르키예)의 천문학자가 딱 한 번 본 별입니다.

p.76

모범답안

❶ そのえじきをかまずにのみこみ、動けなくなって半年間眠りにつき、その間にのみこんだけものをお腹の中でこなす生き物。

❷ 6年前、サハラ砂漠で。

❸ (今まで出会ったことがないほど) ものわかりのいい人。

❹ 箱の中に入ったひつじ

❺ 家くらいの大きさ

8. 여우를 길들인 왕자님

본문번역

p.78 왕자님이 여행를 시작하여 일곱 번째로 찾아온 별이 지구였습니다.

왕자님은 지구에 발을 들여놓자 아무도 없어서 깜짝 놀랐습니다.

별을 잘못 찾아 온 것은 아닐까 하고 걱정하고 있었습니다.

그러자 왕자님 눈 앞에 동물이 한 마리 나타났습니다.

"안녕?"

하고 그 동물이 말했습니다.

p.79 "안녕?"

왕자님도 공손하게 인사를 했습니다.

"너 누구니? 아주 아름다운 가죽을 입었구나…."

왕자님이 말했습니다.

그러자 그 동물이

"나는 여우야."

라고 했습니다.

"나하고 안 놀래? 나 정말 쓸쓸하거든…."

왕자님은 여우를 보고 말했습니다.

"나는 너랑 놀 수 없어. 길들여지지 않았으니까."

하고 여우가 말했습니다.

"아, 미안해. … 근데, '길들인다'는 게 뭐지?"

p.80 왕자님은 이상하다는 듯 물었습니다.

"너, 여기 사람이 아니구나. 도대체 어디서 온 거니? 무엇을 찾고 있니?"

"사람을 찾고 있어. 그보다 '길들인다'는 게 뭐냐구?"

그러자 여우가 말했습니다.

"'길들인다'는 건 '사이가 좋아진다'는 뜻이야."

여우는 이어서 말했습니다.

"내 눈으로 보면 너는 아직 다른 수십만이나 되는 남자 아이와 별
p.81 다를 바 없는 남자 아이야. 그래서 난 네가 없어도 괜찮은거지. 너도 역시 내가 없어도 괜찮아. 네 눈으로 보면 나는 수십만이나 되는 여우와 똑같으니까. 하지만 네가 나를 길들인다면 우리는 이젠 서로 떨어져 있을 수 없게 되는 거야. 이 세상에서 오직 하나밖에 없는 사람이 되고, 나는 너에겐 둘도 없는 존재가 되는 거야…."

여우가 왕자님에게 말했습니다.

"난 매일 똑같은 일을 하며 살고 있어. 내가 닭을 쫓아가면 사람들이 나를 쫓아오지. 사람들이나 닭이나 다 비슷비슷해. 그래서 난 좀 심심해. 하지만 만약 네가 나와 사이 좋게 지내 준다면(나를 길들인다면) 나는 햇볕을 쬔 것 같은 기분으로 살아갈 수 있을 거야."

p.82 왕자님은 가만히 듣고 있었습니다.

"발자국 소리조차 오늘까지 들어온 것과 다른 것을 들을 수 있거든. 다른 발자국 소리가 들리면 나는 굴 안으로 들어가 버려. 하지만 너의 발자국 소리가 나면 나는 음악이라도 듣는 것 같은 기분이 되어 굴 밖으로 기어 나올 거야."

여우는 계속 말했습니다.

"저 밀밭도 마찬가지야. 나는 빵 같은 것 안 먹어. 밀따위 아무것도
p.83 아냐. 그래서 밀밭을 봐도 생각나는 것이 아무것도 없어. 하지만 네가 나와 친하게 지내 준다면, 나에겐 아무것도 아니었던 밀밭이 근사하게 보일 거야. 금색 밀을 보면 네 그 아름다운 금빛 머리카락이 생각나겠지. 그리고 밀밭을 가르는 바람소리도 나에겐 기쁠 거야…."

그렇게 말하고, 여우는 잠자코 한참동안 왕자님의 얼굴을 쳐다봤습니다.

그리고 이렇게 말했습니다.

'괜찮다면 나하고 친하게 지내 줘.'

다음 날도 또 왕자님은 여우가 있는 곳으로 찾아왔습니다.

그러자 여우가 말했습니다.

p.84 "늘 같은 시간에 오는 게 나을 거야. 네가 오후 4시에 온다고 하면 나는 3시부터 벌써 기뻐지기 시작한단 말이야. 그리고 4시에는 안절

부절 못하고, 나는 행복의 고마움을 뼈저리게 느끼겠지. 하지만 만약 네가 아무 때나 찾아오면 언제 너를 기다릴 기분이 되어야 하는지… 요컨대 '의례'가 필요한 거야."

"의례?"

왕자님이 고개를 갸웃거렸습니다.

그러자 여우가 말했습니다.

"그게 있으면 어떤 한 날이 다른 날들과 다른 날이 되고, 어떤 한 시간이 다른 시간들과 다른 시간이 되는 거야."

왕자님과 여우는 이야기를 나누는 동안에 친해졌습니다.

그러나 왕자님과의 작별 시간이 다가오자 여우가 이렇게 말했습니다.

"나, 꼭 울음이 나올 것 같아."

p.85 드디어 왕자님과 여우가 헤어질 때가 왔습니다.

"안녕."

왕자님이 말했습니다.

"안녕."

여우가 말했습니다.

"너에게 비밀을 하나 선물해 줄게. 아니, 별거 아니지만…. 오로지 마음으로만 보아야 잘 보인다는 거야. 정말 중요한 건 눈에 보이지 않는

다는 거야."

하고 여우가 말했습니다.

"중요한 것은 눈에 보이지 않는다."

왕자님은 잊지 않기 위해 되뇌였습니다.

p.88 **모범답안**

❶ 「仲良くなる」ということ。

❷ 飼いならす前 … 他の十万もの男の子と別に変わりのない男の子
飼いならした後 … この世でたった一人の人 / かけがえのないもの

❸ お日様にあたったような気持ち

❹ きまり

❺ かんじんな事は、目には見えないということ。

9. 왕자님과의 이별

본문번역

p.90 비행기가 사막에서 고장난 지 여덟째 날, 우리는 우물을 찾아 걷기 시작했습니다.

우리가 몇 시간 입을 다물고 걷다 보니 해가 져서 별이 반짝이기 시작했습니다.

나는 마치 꿈을 꾸듯 별 빛을 바라보고 있었습니다.

왕자님은 지친 듯 내 옆에 앉았습니다.

p.91 그리고 잠시 잠자코 있더니 이렇게 말했습니다.

"별이 저렇게 아름다운 것도 눈에 보이지 않는 꽃이 하나 있기 때문이야…."

나는 울퉁불퉁한 모래가 달빛을 받고 있는 것을 보면서 말 없이 듣고 있었습니다.

"사막은 아름다워…."

왕자님은 이어서 말했습니다.

정말 그랬습니다.

나는 사막을 좋아했습니다.

아무것도 들리지 않고, 아무것도 보이지 않는 사막에서 무언가가 몰래 반짝이고 있는 것입니다.

부록

p.92 그러자 왕자님이 말했습니다.

"사막이 아름다운 건 어딘가에 우물이 있기 때문이야."

갑자기 나는 모래가 그렇게 신기하게 반짝이는 이유를 알게 되어 놀랐습니다.

내가 어렸을 때, 어떤 오래된 집에 살았었는데, 거기에는 보물이 묻혀 있다는 전설이 있었습니다.

물론 아직 아무도 그 보물을 발견하지 않았고, 찾아보려고 한 사람도 없었지만.

그러나 온 집안이 그 보물로 아름다운 마법에 걸린 듯 했습니다.

p.93 우리 집은 그 깊은 구석에 비밀을 하나 숨기고 있었던 것입니다.

"바로 그거야. 집이든 별이든 사막이든 그 아름다운 곳은 눈에 보이지 않는 거야."

나는 왕자님에게 말했습니다.

그러자 왕자님이 말했습니다.

"기쁘다. 네가 내 여우와 같은 말을 하니까."

잠시 후 왕자님이 잠이 들어 나는 왕자님을 양팔로 안고 걷기 시작했습니다.

마치 깨지기 쉬운 보물을 안고 있는 듯 했습니다.

살랑살랑 머리카락이 바람에 흔들리고 있었습니다.

p.94 왕자님의 입술이 약간 열리며 미소 띈 얼굴이 보이는 것 같았습니다.

이런 생각을 하면서 걸어가는 동안에 동이 틀 무렵 드디어 우물을 발견했습니다.

우리가 도착한 우물은 사하라 사막에 있는 우물 같지 않았습니다.

모래땅에 그냥 구멍만 파여 있는 우물이 아니라 꼭 마을에 있는 것 같은 우물이었습니다.

그러나 주위에는 마을이라곤 하나도 없었습니다.

나는 꿈을 꾸는 것 같은 기분이었습니다.

p.95 다음 날 왕자님이 말했습니다.

"내가 이 지구에 내려왔잖아. …오늘이 꼭 일년 째 되는 날이야."

그리고 조용히 웃었습니다.

나는 다시는 돌이킬 수 없는 일이 일어날 것만 같아 가슴이 철렁했습니다.

왕자님의 웃음 소리를 두 번 다시는 못 듣게 될거라 생각만 해도 견딜 수 없다는 것을 알았습니다.

왕자님의 웃음 소리를 듣는 것은 사막에서 샘물을 발견하는 것과 같은 것이니까요.

왕자님이 나에게 말했습니다.

"밤이 되면 별을 바라봐. 나의 집은 너무 작아서, 어디에 내 별이 있
는지 너에게 보여 줄 수가 없어. 하지만 그 편이 더 좋아. 너는 내 별이
그 별들 중에 하나라고 생각하며 바라볼 수 있으니까. 그러면 너는 어
p.96 느 별이나 바라보는 것을 좋아하게 될 테니까. 별들이 모두 네 친구가
되는 거야."

그리고 웃었습니다.

그날 밤, 왕자님이 떠난 것을 나는 알아차릴 수 없었습니다.

발자국 소리 하나 내지 않고 모습을 감춘 것입니다.

잠시 후 뒤쫓아가서 왕자님께 이르렀을 때, 왕자님은 이미 결심한 듯 빠른 걸음으로 걷고 있었습니다.

"나를 혼자 가게 해 줘."

왕자님은 그렇게 말하며 앉고는 입을 다물고 말았습니다.

p.97 울고 있었기 때문입니다.

나도 앉았습니다.

서 있을 수 없었기 때문입니다.

그리고 왕자님이 말했습니다.

"자… 이젠 할 말이 없어…."

왕자님은 아직도 뭔가 머뭇거리더니 이윽고 일어났습니다.

그리고 걷기 시작했습니다.

나는 꼼짝도 할 수가 없었습니다.

p.98 왕자님의 발목 옆에서 노란 빛이 '반짝'했습니다.

왕자님은 잠시 꼼짝도 하지 않았습니다.

소리 하나 내지 않았습니다.

그리고 나무 한 그루가 쓰러지듯 조용히 쓰러졌습니다.

소리 하나 나지 않았습니다.

온통 모래였으니까요.

p.102 **모범답안**

부록

❶ どこかに井戸(いど)があるから。

❷ 目(め)に見(み)えないもの。

❸ 砂漠(さばく)の中(なか)で、泉(いずみ)の水(みず)を見(み)つけること。

❹ とてもちっぽけだから見(み)せることができないし、王子(おうじ)さまの星(ほし)をたくさんの星(ほし)の中(なか)のどれか一(ひと)つだと思(おも)って眺(なが)めることによって、どの星(ほし)も眺(なが)めるのが好(す)きになるから。

❺ 音(おと)ひとつしなかった

10. 미운 아기 오리

본문번역

p.104 어느 더운 여름날이었습니다.

엄마 오리가 연못 가까운 담 밑에서 알을 네 개 품고 있었습니다.

이윽고 알 세 개가 움직이기 시작했습니다.

그리곤 안에서 귀여운 아기 오리가 나왔습니다.

아기 오리들은 "삐약삐약" 하고 힘찬 소리로 울었습니다.

p.105 날마다 자라나는 아기 오리들은 지상에 있는 것이 신기한 듯 눈을 초롱초롱 뜨며 관심을 가지지 않는 것이 없었습니다.

"엄마, 이 세상은 얼마나 커요?"

"엄마, 이것은 무슨 꽃이에요?"

세 마리의 아기들은 쑥쑥 자라고 있는데, 나머지 하나는 아직 꼼짝도 하지 않았습니다.

엄마 오리는 매일매일 열심히 품었습니다.

날이 새고 아침이 되었습니다. 그러나 그 알은 꼼짝도 하지 않았습니다.

하루가 지나고, 또 하루가 지나고…

어느 날이었습니다.

드디어 그 알이 움직이기 시작했습니다.

엄마 오리는 휴~ 하고 안에서 나오는 어린 새끼를 지켜보고 있었습니다.

p.106 그 때였습니다.

알 안에서 다른 아기 오리보다 두 배 가까이 큰 아기가 나왔습니다.

엄마 오리는 깜짝 놀랐습니다.

게다가 다른 아기 오리와는 색깔마저 다른 아기였습니다.

엄마 오리는 그 미운 얼굴 때문에 마음이 아팠습니다.

"어째서 이런 모습으로 태어났을까? 불쌍해라."

다른 아기들도 놀란 모습으로 그 미운 아기 오리를 쳐다보고 있었습니다.

그 날부터 미운 아기 오리는 모두들한테서 따돌림을 당했습니다.

p.107 "저리 가!! 못 생긴 놈."

"아이구 징그러워, 이리 오지 마!!"

미운 아기 오리는 울면서 엄마 오리한테 갔습니다.

그러나 엄마 오리마저 미운 아기 오리를 피하게 되었습니다.

이유는 딱 하나, 다른 아기들과 다르게 생겼기 때문입니다.

미운 아기 오리는 매일 너무 슬펐습니다.

'더 이상 이런 곳에 있고 싶지 않아.'

미운 아기 오리는 집을 떠나기로 결심했습니다.

그리고 시골을 향해서 걷기 시작했습니다.

가는 길에 어떤 호수에 이르렀습니다. 그리고 물을 마시려고 호수 쪽으로 갔을 때 수면에 비친 자신의 모습이 보였습니다.

p.108 "아아, 하나님은 너무해. 왜 나만 이런 모습으로 태어났을까?"

아기 오리는 울었습니다.

가을이 지나가고 겨울이 왔습니다.

미운 아기 오리는 어떤 집에 왔습니다.

안을 엿보니, 할머니가 앉아 있는 모습이 보였습니다.

그 옆에는 닭과 고양이 한 마리가 있었습니다.

아기 오리는 문을 두드렸습니다.

집 안은 아주 따뜻하고 할머니는 기꺼이 맞아들여 주었습니다.

그러나 여기에도 오래 있을 수 없었습니다.

p.109 같이 사는 닭과 고양이가 아기 오리에게 일을 시키려고 해도 뭐 하나 만족스럽게 되지 않았습니다. 아기 오리는 미안한 마음에 할머니 집을 떠나기로 했습니다.

"모두 안녕히 계세요."

미운 아기 오리는 다시 외톨이가 되어 버렸습니다.

추운 날의 일이었습니다.

계속 걷던 아기 오리는 지쳐서 그만 쓰러지고 말았습니다.

그리곤 그대로 정신을 잃어 버렸습니다.

p.110 얼마나 정신을 잃고 있었을까요?

아기 오리가 정신을 차리고 보니 어떤 집 안에 있었습니다.

쓰러져 있던 아기 오리를 그 집 주인이 구해 준 것이었습니다.

완전히 기운을 차린 아기 오리는 혼자서 걸을 수 있게 되었습니다.

그러나 그 날부터 그 집 아이들의 장난이 시작되었습니다.

어느 날은 털이 뽑히고, 어느 날은 쫓기고…

p.111 아기 오리는 이 집도 나가기로 결심했습니다.

"살려 주셔서 고마웠습니다."

바깥은 완전히 따뜻한 봄이 되어 있었습니다.

하루가 지나고, 일주일이 지나가고, 한 달이 지나갔습니다.

아기 오리는 쑥쑥 커갔습니다.

어느 날이었습니다.

목이 마른 아기 오리는 호수 가까이 갔습니다.

그러나 이게 어찌된 일일까요?

수면에는 새하얀 아름다운 새가 비쳐 있는 게 아니겠어요? 아기 오리는 눈을 비볐습니다.

부록

'아니? 이게 나야?'

p.112 그렇습니다.

어른이 된 아기 오리는 어느 새보다도 아름다운 백조가 되어 있었던 것입니다.

이젠 미운 아기 오리가 아닙니다.

"우와!! 저 백조 이쁘다."

아이들이 어떤 백조 한 마리를 가리키며 말했습니다.

그 앞에는 그 미운 아기 오리가 있었습니다.

p.116 **모범답안**

❶ 二倍近く大きく、色も違った。

❷ 他の子供達と大きさも色も違い、みにくかったから。

❸ 仕事が何一つ満足にできず、申し訳なく思ったから。

❹ ①(○)②(×)③(×)④(×)⑤(○)

11. 현자의 선물

p.118 본문번역

어느 추운 겨울이었습니다.

살을 에는 차가운 바람이 부는 가운데, 뉴욕에 있는 어떤 집의 굴뚝에서는 뭉게뭉게 연기가 나오고 있었습니다.

이 집에는 젊은 부부가 살고 있었습니다.

남편 이름은 제임스, 아내 이름은 델라였습니다.

생활은 결코 풍요롭지 못했지만, 두 사람은 행복하게 살고 있었습니다.

p.119 비싼 옷이나 맛있는 음식이 없어도 제임스는 델라만 있으면 마음이 따뜻해지고, 델라도 마찬가지로 제임스만 있으면 바랄 게 없었기 때문입니다.

오늘도 제임스는 사랑하는 아내의 머리를 쓰다듬으며 행복한 시간을 보내고 있었습니다. 델라의 머리카락은 아름다운 금발에다 부드러워 아주 매력적이었습니다. 제임스는 아내 델라의 머리를 지그시 바라보며 말했습니다.

"이 세상에서 델라보다 아름다운 머리카락을 가진 사람은 없을 거야…"

그리곤 델라의 머리에 살짝 키스를 했습니다.

델라는 아주 행복한 얼굴로 제임스를 뚫어지게 바라보았습니다. 제임스는 그런 델라를 참으로 사랑스러운 듯 꽉 껴안았습니다.

p.120 어느 날이었습니다.

델라는 뉴욕의 번화가에 있는 한 시계가게 앞에서 쇼윈도에 진열되어 있는 시계를 보고 있었습니다. 이번 크리스마스 때, 남편에게 새로운 시계줄을 선물하고 싶었기 때문입니다. 제임스에게는 할아버지로부터 물려받은 금시계가 하나 있었습니다. 델라는 그 금시계가 이 세상에서 가장 소중한 것이라고 여기고 있었습니다.

델라는 그 시계가게 쇼윈도에 진열된 백금으로 된 줄을 바라보고 있었습니다. 고급스러우면서도 세련된 그 백금줄은 제임스가 갖고 있는 금시계와 잘 어울릴 것 같았습니다.

p.121 "아아, 이 줄을 제임스에게 선물할 수 있다면…."

델라는 그렇게 생각할 때마다 가슴이 두근거렸습니다.

'만약 이 줄을 선물하면 제임스가 얼마나 기뻐할까?'

델라의 머리 속에서 제임스의 금시계에 달려 있는 백금줄이 빛나고 있었습니다.

델라는 가게에 들어가서 백금줄이 얼마인지 시계가게 주인에게 물어보았습니다.

21달러였습니다.

그 날부터 델라는 조금씩 돈을 모으기 시작했습니다. 시장에 가서는 조금이라도 싸게 깎아서 물건을 샀습니다.

p.122 그렇게 크리스마스 아침을 맞이하였습니다.

델라는 사랑하는 제임스가 일하러 나간 사이에 오늘까지 모아 온 돈을 세어 보기로 했습니다. 저금통은 묵직하고, 1 센트짜리 동전이 쏟아질 듯이 나왔습니다. 그러나 돈을 세기 시작한 델라의 얼굴은 점점 어두워졌습니다. 델라가 애쓴 보람도 없이 돈은 터무니없이 모자랐습니다. 그 돈으로 백금줄을 사는 것은 도저히 무리였습니다.

델라는 너무 슬퍼 울어 버렸습니다. 아무것도 없는 집 안에 델라의 울음소리만 울려 퍼졌습니다.

그 때였습니다.

델라는 뭔가를 결심한 듯 벌떡 일어나 가위를 손에 들었습니다. 자신의 머리카락을 팔아서 제임스를 위해 백금줄을 사기로 한 것입니다.

p.123 가위를 든 델라의 손은 떨렸습니다.

'이 세상에서 델라보다 아름다운 머리카락을 가진 사람은 없을 거야….'

그렇게 말하며 머리를 쓰다듬는 제임스의 모습이 생각나는 것입니다.

그러나 델라의 결심는 굳었습니다.

'싹둑싹둑'

델라의 머리는 마치 폭포처럼 떨어졌습니다.

델라는 잘라 버린 머리카락을 싸서 가발 가게로 갔습니다. 그리고 머리카락을 판 돈을 들고 시계가게로 갔습니다.

p.124 얼마 후, 집에 들어온 델라의 손에는 백금줄이 소중하게 안겨 있었습니다.

그러나 델라의 마음은 어딘지 모르게 쓸쓸했습니다.

크리스마스 파티가 준비된 식탁 위에는 와인과 빵과 버터가 차려 있었습니다.

델라는 거울 앞에 가서 짧아진 머리를 단정하게 정리했습니다. 제임스가 짧은 머리도 마음에 들기를 바라면서….

그때 계단을 올라오는 발 소리가 들렸습니다. 그리고 나서 현관 문이 열렸습니다.

'메리 크리스마스 델라!!'

라고 말하며 들어온 제임스는 머리가 짧아진 델라의 모습을 보고 놀란 나머지 꼼짝도 못했습니다.

p.125 델라는 그런 제임스의 모습을 보고 아무말도 못했습니다.

곧, 델라는 제임스에 와락 껴안겨

"그런 눈으로 보지 마세요, 오늘은 즐거운 크리스마스잖아요."

라고 말했습니다.

그리고 제임스를 위해 산 백금줄은 내놓았습니다.

"저, 당신의 크리스마스 선물로 꼭 이 줄을 사고 싶었어요. 그래서…"

그러자 제임스가 가라앉은 목소리로 말했습니다.

p.126 "그럼, 이 줄을 사기 위해 머리카락을 잘랐단 말이야…?"

제임스의 표정이 어두워졌습니다.

그리고 주머니 안에서 보따리를 꺼내어 델라에게 주었습니다. 보따리 안에는 예쁜 빗이 들어 있습니다.

이젠 없어져 버린 델라의 아름다운 머리에 딱 어울리는 빗이었습니다.

제임스가 슬피 말했습니다.

"델라, 미안해. 델라를 위해 이 빗을 사려고, 오늘 금시계를 팔았어."

델라의 눈에서 굵은 눈물방울이 넘쳐 흘렀습니다.

p.127 제임스는 델라를 꽉 껴안았습니다.

식탁 위에는 이젠 쓸모 없는 두 사람의 선물만 놓여 있었습니다.

— 시계가 없는 줄, 그리고 빗을 머리가 없는 빗. —

그러나 둘은 알고 있었습니다.

그것이 이 세상에서 가장 아름답고, 사랑이 담긴 선물이라는 것을.

제임스는 델라의 눈물을 닦아 주었습니다.

집 밖에서는 새하얀 눈이 내리고 있었습니다.

p.131 **모범답안**

❶ 美しい髪

❷ 時計につけるプラチナのチェーン

❸ 髪の毛を切って、かつら屋に売った。

❹ ③ デラが時計のチェーンをプレゼントしてくれたのに、肝心の時計を売ってしまったため。

❺ (デラのきれいな髪にぴったりの)くし

개정2판 2023년 12월 20일
발행인 이기선
삽화 이정아
편저 기획편집부
발행처 제이플러스
주소 서울시 마포구 월드컵로 31길 62
영업부 02-332-8320
편집부 02-3142-2520
등록번호 제 10-1680호
등록일자 1998년 12월 9일
ISBN 979-11-5601-234-4
값 15,000원